W0057678

# Marilyn Monroe

dargestellt von Ruth-Esther Geiger

Rowohlt

rowohlts monographien begründet von Kurt Kusenberg
herausgegeben von Wolfgang Müller

Redaktion: Uwe Naumann
Redaktionsassistenz: Katrin Finkemeier
Umschlaggestaltung: Walter Hellmann
Vorderseite: Marilyn Monroe
(art & book Edition, Hamburg)
Rückseite: Marilyn Monroe am 5. März 1961 beim Verlassen
einer New Yorker Klinik, in deren neurologischer Abteilung
sie drei Wochen verbracht hat
(dpa Hamburg, Bildarchiv)

Originalausgabe
Veröffentlicht im Rowohlt Taschenbuch Verlag GmbH
Reinbek bei Hamburg, April 1995
Copyright © 1995 by Rowohlt Taschenbuch Verlag GmbH,
Reinbek bei Hamburg
Alle Rechte an dieser Ausgabe vorbehalten
Satz Times PostScript Linotype Library, Quark XPress 3.3
Jung Satzcentrum GmbH, Lahnau
Gesamtherstellung Clausen & Bosse, Leck
Printed in Germany
1290-ISBN 3 499 50507 X

# Inhalt

Norma Jeane im Alter von sechs Monaten

# A Star Is Born

## 1. Die graue Maus

Los Angeles, 1. Juni 1926. Um 9.30 Uhr kommt im General Hospital der Stadt ein kleines Mädchen zur Welt: Norma Jeane. Knapp zwei Wochen später wird es von der Mutter weggegeben.

Es ist das dritte Kind von Gladys Pearl Baker, geborene Monroe, die als Filmcutterin in einem der Spielfilmstudios von Hollywood engagiert ist. Ihre beiden ersten Kinder hat ihr geschiedener Mann, Jack Baker, in Obhut. Gladys Monroe Baker ist eine hart arbeitende, aber auch lebenslustige Frau, alleinstehend; mit roten Haaren, im Pagenschnitt der sogenannten «Flatter»-Generation.

1926 – mitten in den «Roaring Twenties»: Es gibt zahlreiche Spekulationen, wer der Vater von Marilyn Monroe war. Martin Edward Mortensen, Gladys' zweiter Ehemann, war es jedenfalls nicht; vier Monate nach ihrer Heirat 1924 hatte sie ihn schon verlassen. Zehn Monate später stellte sie fest, daß sie schwanger war. Viele Biographen behaupten, daß die Schwangerschaft auf eine Affäre mit einem Vorarbeiter bei Consolated Film, Charles Stanley Gifford, zurückging – unter anderem, weil die Cutterin später immer ein Foto von ihm in ihrem Schlafzimmer aufgestellt hatte. Aber er war nur einer ihrer damaligen Verehrer. Donald Spoto, der die bisher gründlichste Biographie von Marilyn Monroe geschrieben hat[1], hält die angebliche Vaterschaft Giffords für ein Phantasieprodukt der Monroe, die später den unbekannten Mann auf dem Foto zu ihrem Vater ernannte, weil er dem Schauspieler Clark Gable so ähnlich sah.[2]

Auf jeden Fall hatte Gladys Monroe Baker 1926 niemanden, der sie beide hätte ernähren können, und niemanden, der während ihrer Arbeitszeit auf ihre Kleine aufpassen konnte. Darum wurde Norma Jeane Baker (auf einigen Dokumenten heißt sie Mortenson) schon am 13. Juni 1926 dem Ehepaar Albert und Ida Bolender übergeben, die Kinder in Pflege nahmen und selbst einen Sohn hatten.

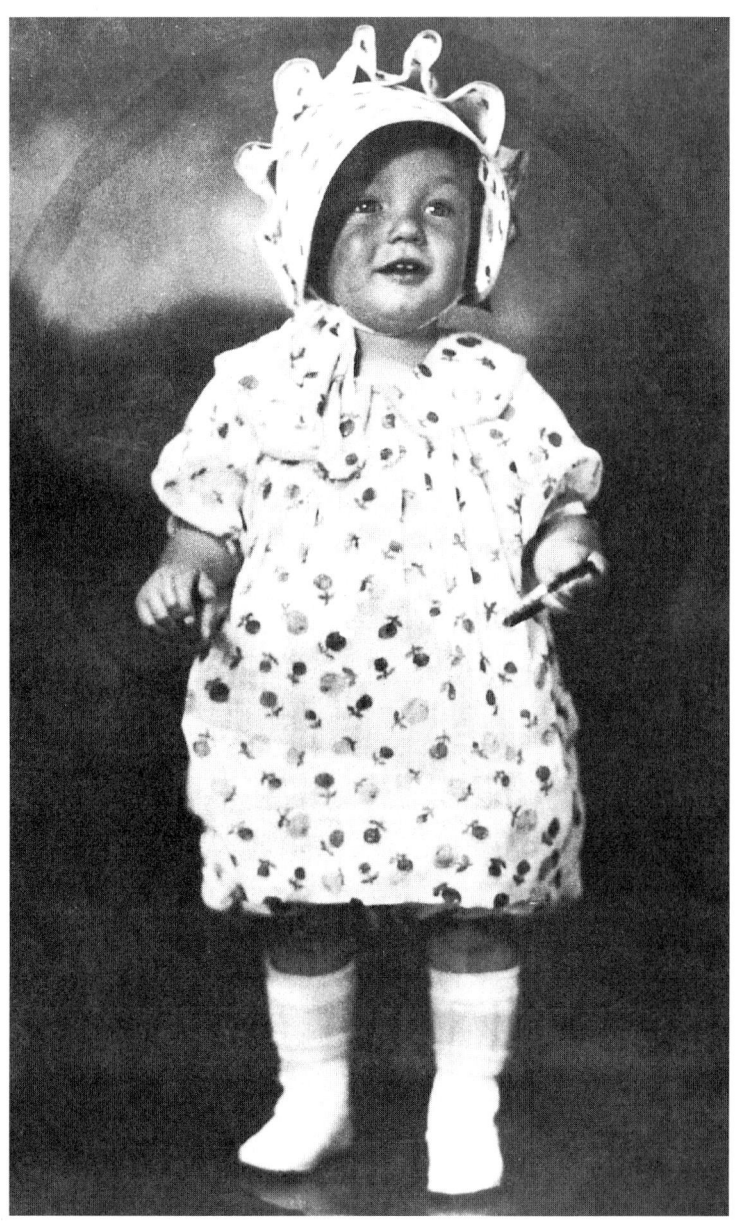

Die kleine Norma Jeane

Das blonde, stupsnasige Mädchen Jeane mit den grünblauen Augen verlebte ihre ersten Lebensjahre im Vier-Zimmer-Bungalow der Familie Bolender. Der Pflegevater war Postbote, Ida Bolender Hausfrau. *Vermutlich war ich ein Versehen. Meine Mutter hat mich nicht gewollt. Wahrscheinlich war ich ihr im Weg, und es muß eine Schande für sie gewesen sein, daß ich überhaupt existierte,* so Marilyn Monroe später.[3] Ihre Pflegemutter war eine korrekte, etwas distanzierte, aber sehr verläßliche Frau.[4] Norma Jeane blieb sieben Jahre lang in dieser ersten Pflegefamilie. Sie sah während dieser Zeit über ein Dutzend andere Kinder bei den Bolenders ankommen, heranwachsen und wieder zu ihren wirklichen Eltern zurückkehren.

Die leibliche Mutter Gladys besuchte die kleine Tochter sporadisch. Zwischen den Samstagen, an denen sie das Mädchen zu Ausflügen mitnahm, verstrichen viele Alltage. «Ihre Mutter zahlte stets die Unterhaltskosten. Norma Jeane sah nie vernachlässigt aus und trug immer hübsche Kleidung», berichtete die Pflegemutter.[5] Ida Bolender bestand darauf, von Norma Jeane «Tante Ida» genannt zu werden. Sie forderte ihr Pflegekind auf, nicht sie, sondern die sporadische Besucherin Mutter zu nennen. Das fiel dem Mädchen schwer: *Für mich war sie einfach die Frau mit den roten Haaren. Sie erschien nicht sehr oft.*[6]

Gladys Monroe Baker (links) und Norma Jeane mit Freunden, 1928

Norma Jeane wurde nach den religiösen Prinzipien der Pflegefamilie erzogen, die im krassen Gegensatz zum Lebenswandel der leiblichen Mutter standen. «Wenn die Welt untergeht, und du sitzt im Kino, weißt du, was dann passiert?» fragte Ida Bolender ihre kleine Pflegetochter. «Du verbrennst zusammen mit all den anderen bösen Menschen. Wir gehen in die Kirche, nicht ins Kino.»[7] Das Ehepaar gehörte einem Zweig der Pfingstgemeinde an, besuchte mit allen Kindern regelmäßig die Sonntagsschule und lehnte jedes weltliche Vergnügen ab. *Jeden Abend mußte ich beten, damit ich nicht in die Hölle komme. Ich mußte sagen: ‹Ich verspreche, daß ich mit Gottes Hilfe mein ganzes Leben lang keinen Alkohol kaufen, trinken, verkaufen oder verschenken werde. Ich werde mich des Tabaks enthalten und Gottes Namen nie mißbrauchen.›*[8]

Die Bolenders waren keine Eltern, die ihre Macht aus unlauteren Motiven mißbrauchten; doch ließen sie ihren Pflegekindern keinerlei individuellen Spielraum. Es fiel der kleinen Norma Jeane *schwer, es ihnen recht zu machen. Irgendwie erfüllte ich nie ganz ihre Erwartungen, obwohl ich mich nicht daran erinnern kann, ein besonders schlimmes Kind gewesen zu sein.*[9]

Eines Tages brachte das Mädchen einen herrenlosen Hund mit nach Hause zu den Bolenders. Sie durfte ihn behalten, nachdem sie versprochen hatte, sich selbst um ihn zu kümmern. Das Mädchen nannte ihn Tippy. Er wurde ihr engster Spielkamerad. Ansonsten blieb ihr in einem Haus, in dem Wutanfälle, Notlügen und Kinderstreiche eine Sünde waren, nur die Flucht in eine Traumwelt. Eingeschlossen in ein humorloses Leben, das den Anstand an die erste Stelle setzte, tat ihre Mädchenphantasie das Gegenteil: *Ich träumte, daß ich völlig unbekleidet in der Kirche stand, und alle Leute lagen mir auf dem Boden der Kirche zu Füßen, und ich stieg nackt, erfüllt von einem Gefühl der Freiheit, über die Gestalten hinweg, die ausgestreckt am Boden lagen, und gab acht, dabei auf niemanden zu treten.*[10]

Anfang September 1932 kam die sechsjährige Norma Jeane in die Schule. Sie ging von heute auf morgen ohne erwachsene Hilfe dorthin, zwei ältere Nachbarkinder begleiteten sie. *Wie alle Kinder haben wir oft kleine Dramen nachgespielt und Geschichten übertrieben. Aber es hat mir viel Spaß gemacht, Sachen zu erfinden, mehr als den anderen, denke ich, vielleicht weil das Leben bei meinen Pflegeeltern immer nach dem gleichen Schema ablief.*[11]

Kurz nach ihrem siebten Geburtstag wurde ihr Hund Tippy, treuer Begleiter jener Tage, der immer in der Nähe der Schule auf sie wartete, von einem Nachbarn mit der Schrotflinte erschossen. Der Mann hatte sich über das Bellen geärgert. Norma Jeane verfiel in eine anhaltende Depression. Schließlich verständigten die Bolenders ihre Mutter, die mit der besten Freundin angereist kam. Sie hieß Grace McKee, war ebenfalls Cutterin in den Hollywood-Studios und Gladys Bakers große Stütze. Mutter Gladys war Anfang Dreißig und ihre Freundin «beinahe vierzig Jahre alt, nach mehreren Ehen alleinstehend und kinderlos, großzügig, lebenslustig und von einer fast manischen Munterkeit; sie sollte der einflußreichste Mensch in Norma Jeanes Leben werden»[12].

Die beiden Frauen und das Mädchen begruben den Hund, Gladys Baker beglich die letzte Monatsrechnung bei den Bolenders und nahm Norma Jeane mit zu sich nach Hollywood. Dort wohnten sie zunächst in einer kleinen Wohnung, die Gladys für den Sommer angemietet hatte, ganz nah bei den Studios. Gladys Baker fand bald darauf ein möbliertes Haus mit sechs Zimmern, das sie durch ein Darlehen für alleinerziehende Mütter kaufen konnte. Sie vermietete es umgehend an ein Schauspieler-Ehepaar, von dem sie dann ein Schlafzimmer zurückmietete; Küche, Wohnzimmer und Bad wurden gemeinsam benutzt.

1933 lebte Amerika trotz Präsident Roosevelts Kampf gegen die Depression noch mitten in der großen wirtschaftlichen Krise, die mit dem Börsenkrach von 1929 begonnen hatte. Los Angeles breitete sich in jenen Jahren explosionsartig aus. 1923 hatten eine halbe Million Menschen in der Stadt gelebt, jetzt waren es eineinhalb Millionen. Viele Einwanderer strömten in die Nähe von Hollywood, das seit dem Aufkommen des Tonfilms immer verlockender wurde: für Techniker, Schauspieler, Handwerker und die vielfältigen Zweige der Ausstattungsindustrie. Aber auch Wanderarbeiter aus sehr verschiedenen Kulturen drangen in die Region. Ähnlich extrem wie unter diesen Neuankömmlingen prallten im Alltag des Mädchens Norma Jeane Baker die Gegensätze aufeinander. Mußte sie früher bei den Bolenders die Kinogänge mit ihrer Mutter verheimlichen, weil sie eine Sünde waren, so war jetzt das Leben *auf einmal ziemlich zwanglos und aufregend, völlig anders als bei der ersten Familie. Wenn sie arbeiteten, arbeiteten sie [Gladys und Grace] schwer, und den Rest der Zeit amüsierten sie sich. Sie tanzten und sangen gern, sie tranken und spielten Karten und hatten viele Freunde. Irgendwie war ich schockiert, weil ich so religiös erzogen worden war – ich dachte, sie würden alle in die Hölle kommen. Ich habe stundenlang um ihr Seelenheil gebetet.*[13]

Norma Jeanes Mutter arbeitete weiterhin als Cutterin mit der Freundin Grace. Am Wochenende führten Gladys und Grace das Mädchen mit den blonden Haaren durch Hollywood, zeigten ihr die monströsen Filmpaläste, redeten von «unseren Filmen» und erzählten von den großen Stars. Man pilgerte in dieser neuen Familie sonntags nicht in die Kirche, sondern ins Kino. Und auch an vielen Wochentagen des Sommers 1933 bekam Norma Jeane Geld, um sich allein in den großen Kinos die Filme

Die Hauptstraße der «Traumfabrik»: der Hollywood Boulevard
in den dreißiger Jahren

der Zeit mit ihren exzentrischen, selbstbewußten weiblichen Stars anzu-
schauen. *Da saß ich dann den ganzen Tag, manchmal bis spätabends – in
der ersten Reihe  or der riesigen Leinwand, ein kleines Kind, ganz allein,
und es war wunderbar. Mir ist nichts entgangen, was sich  or meinen Augen abspielte – und ich hatte nicht einmal Popcorn.*[14]

Am meisten bewunderten Gladys und Grace eine Schauspielerin, die
als strahlende Blondine in «Dinner at Eight» («Souper um acht») eine
kokette Aufsteigerin spielte. «Das ist ein richtiger Filmstar!»[15] soll Grace
im Kino Norma Jeane zugeflüstert haben und gab damit die Empfindun-
gen von Millionen Amerikanern wieder – von dem Augenblick an war,
wie Norma Jeane später sagte, *Jean Harlow meine Lieblingsschauspie-
lerin*[16].

Fünfzehn Millionen Männer waren 1933 in den USA arbeitslos, eine
Selbstmordwelle überrollte das Land. Im Oktober des Jahres nahm sich
auch der Großvater von Gladys Monroe Baker das Leben. Das schlimm-

ste Jahr der Wirtschaftskrise hatte ihm seine ohnehin klägliche Existenz auf einem gepachteten Bauernhof genommen. Tilford Marion Hogans Schicksal, den Gladys gar nicht persönlich gekannt hatte, stürzte die Filmcutterin in eine schwere Depression. Schon ihr «Vater, so glaubte sie, war an Wahnsinn gestorben, ihre Mutter hatte vor ihren Augen an einer manisch-depressiven Psychose gelitten, und nun war sie vollends davon überzeugt, daß auf ihrer Familie der Fluch der Geisteskrankheit lastete»[17]. Della Monroe, Gladys' Mutter, war an einer Herzerkrankung gestorben, die die Gehirnfunktion eingeschränkt hatte, durch mangelhafte Sauerstoffzufuhr. Doch hartnäckig hielt sich in der Familie das Gerücht, sie sei an der manisch-depressiven Psychose gestorben.[18] Schon der Tod der Mutter 1927 hatte bei Gladys eine Lebenskrise ausgelöst. Damals schloß sie sich tagelang im Bungalow ihrer Mutter ein, brütete über Della Monroes Fotos und ging nicht zur Arbeit. Sie war davon überzeugt, daß der Wahnsinn ihre Familie heimsuchte. Auch Marilyn Monroe litt zeit ihres Lebens an dieser zwanghaften Vorstellung.

Als Gladys 1933 aus ihrer Depression nicht herauskam, ließ ihre Freundin Grace einen Neurologen kommen. Der verschrieb ihr Psychopharmaka, auf die sie sehr heftig reagierte. Von nun an zeigte sie «deutliche Anzeichen eines religiösen Wahns; sie wanderte laut betend umher, wenn sie nicht in tiefe Niedergeschlagenheit versunken war»[19]. Mit 32 Jahren wurde Norma Jeanes Mutter Anfang 1934 zum erstenmal in ein Sanatorium gebracht. Man war sehr schnell damit, sie für verrückt zu erklären und mit Medikamenten ruhigzustellen.

Während Gladys Monroe 1934 ohne angemessene psychiatrische Behandlung verwahrt wird, nimmt sich Grace McKee der fast achtjährigen Tochter ihrer Freundin an. Sie wurde damit die dritte Mutterfigur in den Kindheitsjahren des Mädchens. Grace ging mit ihrem Schauspielerinnen-Tick noch einen Schritt weiter als Gladys. Sie wollte aus der Kleinen eine zukünftige Jean Harlow machen: «Es gibt absolut keinen Grund, warum du nicht wie sie sein kannst, Norma Jeane. Mit der richtigen Haarfarbe und einer anderen Nase...»[20]

Die neue Pflegemutter schminkte dem Kind die Lippen und puderte die blassen Wangen der Achtjährigen mit Rouge. Die leibliche Mutter Gladys durfte ab und an einen Besuch in ihrem alten Haus abstatten oder mit Kind und Freundin essen gehen. Inzwischen stand das Haus zum Verkauf; die erfolglosen Schauspieler, die es gemietet hatten, zogen wieder nach England.

Grace erreichte die Verfügungsgewalt über den Besitz ihrer Freundin. Innerhalb weniger Wochen hatte sie Haus und Flügel verkauft und den nicht abbezahlten Plymouth an seinen früheren Besitzer zurückgegeben. Der erzielte Gewinn sollte mit für Norma Jeanes Unterhalt dienen. Doch

Jean Harlow

dann verliebte sich Grace McKee. Es war ihr seit mehreren Jahren nicht mehr passiert. Sie verliebte sich in einen Mann, der ihre Pläne völlig verändern sollte, aber auch das Schicksal von Norma Jeane. Er war groß, gutaussehend und charmant, hieß Ervin Silliman Goddard. Doc Goddard wurde er genannt, weil sein Vater Chirurg gewesen war. Er war zehn Jahre jünger als Grace, hatte aus erster Ehe drei Kinder und wirkte wie ein Schauspieler. Von dieser Karriere träumte er auch. Aber er hatte weder Durchhalte- noch Durchsetzungsvermögen, und so reichte es höchstens ein paarmal zu Besetzungen als Double und zu kleinen Nebenrollen. Schon im August 1935 fand die Trauung in Las Vegas statt. Zurück in Los Angeles, nahm das Ehepaar eine von Goddards Töchtern, Nona, zu sich, und Grace brachte selbstverständlich Norma Jeane mit in die Ehe. Die vierköpfige Familie wohnte in einem Bungalow, den man eher als Baracke bezeichnen konnte.

Beide Eheleute arbeiteten jetzt nur unregelmäßig und hatten keine Ersparnisse. Goddard bedrängte ziemlich schnell seine neue Frau, Norma Jeane als überflüssigen Esser in ein Waisenhaus zu geben – «nur für kurze Zeit, versprach er, bis er endlich das große Geld machen würde»[21].

Im September schon wird Norma Jeane in das Waisenhaus Los Angeles Orphans Home in North El Centro, Hollywood, einquartiert. Am 13. September 1935 liefert Grace die Neunjährige ab. Sie wird dort bis zum 7. Juni 1937 bleiben, bis sie elf Jahre alt ist.

Das Heim hatte Platz für 50 bis 60 Kinder. Nicht alle waren Waisenkinder. Es gab noch andere «zeitweilige Gäste oder Schüler» wie Norma Jeane, deren meist verarmte Eltern damals beantragen konnten, daß ihr Kind vorübergehend in einem Heim untergebracht wurde. Samstags kam oft Grace zu Besuch, um mit Norma Jeane essen und ins Kino zu gehen. Sie schleppte sie in Schönheitssalons, um die Haarpracht nach dem Geschmack der Zeit in geordnete Locken legen zu lassen. Und im «powder room» von Kinos und Teestuben wurden Rouge, Eyeliner oder Lippenstift an ihr ausprobiert.

*Immer wieder berührte Grace eine Stelle auf meiner Nase. «Du bist perfekt, bis auf diesen kleinen Huppel, Herzchen», sagte sie dann. «Aber eines Tages wirst du perfekt sein – wie Jean Harlow.» Aber ich wußte, daß ich nie im Leben perfekt sein würde – nicht als jemand anders, und schon gar nicht als ich selbst.*[22]

Ende 1936 war Norma Jeanes wichtigster Draht zur Außenwelt abgeschnitten: Ihre Schutzpatronin erschien an fünf aufeinanderfolgenden Samstagen nicht. In dieser Zeit soll sie bei dem geringsten Anlaß in Tränen ausgebrochen sein. Anfang des nächsten Jahres steigerte sich das noch, sie begann zu stottern, wie eine Aufseherin bemerkte, die sie als

Grace und Ervin
Goddard, 1935

ängstlich und in sich gekehrt empfand. *Ich war in den Jahren nicht daran gewöhnt, glücklich zu sein*[23], umschrieb Marilyn Monroe diesen Zustand später.

Sie phantasierte sich Idealeltern, schrieb an sich selbst Postkarten, mit «Mami und Papi» unterzeichnet, und erzählte den anderen Kindern, daß sie phantastische Eltern hätte, die bald von einer großen Reise wiederkämen und sie holten.

Grace Goddard hatte dem Heimzögling immer wieder bei ihren Besuchen versprochen, «alles zu regeln, damit du zu mir zurückkommen kannst, denn da gehörst du hin»[24]. Am 7. Juni 1937 machte sie ihr Versprechen wahr. Eine Woche nach ihrem elften Geburtstag kehrte Norma Jeane ins Haus der Goddards zurück. Grace hatte im Frühjahr die Vormundschaft zugesprochen bekommen.

Doch im so heftig herbeigesehnten Familienkreis passierte ein Zwischenfall, der zu den traumatischen Ereignissen in Norma Jeanes Leben zählte: Der neue Adoptivvater versuchte, die Elfjährige zu vergewaltigen. Sie konnte sich zwar aus seiner zwangsweisen Umarmung befreien und berichtete es sofort zitternd ihrer «Tante Grace». Die soll schockiert gewesen sein («Man kann nichts und niemandem trauen»[25]) und zog eine für das Mädchen dramatische Konsequenz: sie schickte sie abermals weg. Wieder mußte Norma Jeane entfernt werden, zum zweitenmal wegen desselben Mannes. Schon im November des Jahres, fünf Monate nach der Rückkehr aus dem Heim, wurde das Mädchen weiterverfrachtet – diesmal zu entfernten eigenen Verwandten.

Trotz dieser Demütigung sollte sie mit Grace McKee noch länger in Kontakt bleiben. Über sie bestand auch weiterhin die Verbindung zur kranken Mutter Gladys, die in einem Sanatorium untergebracht war.

Von November 1937 bis August 1938 lebte das Kind bei einer Großtante in Compton im Los Angeles County. Sie verbrachte die neun Monate mit einem Cousin und zwei Cousinen und besuchte eine neue Schule. Ida Martin, die Norma Jeane bis dahin unbekannte Großtante, versorgte die drei Kinder ihrer Tochter Olive, deren Mann verschwunden war und die sich als Wanderarbeiterin verdingen mußte.

Im März 1938 kam Norma Jeanes Mutter Gladys nach einem Ausbruchsversuch aus dem Sanatorium in Norwalk in eine geschlossene Anstalt in Agnew bei San Francisco. Kurz vor dem zwölften Geburtstag Norma Jeanes im Juni des Jahres zwang ihr dreizehnjähriger Cousin Jack sie, wie Marilyn Monroe später Freunden berichtete, zu sexuellen Handlungen.[26] Dies blieb ihr auch als erwachsener Frau ständig im Gedächtnis – wie die Übergriffe von Doc Goddard.

Zu ihrem zwölften Geburtstag erschien Grace und kündigte an, daß das Geburtstagskind am Ende des Sommers in ihre Nähe zurückziehen könne. So kam Norma Jeane jetzt zur Schwester von Grace Goddards Vater, Edith Ana Atchinson Lower, von allen Ana Lower genannt. Die 58 Jahre alte Frau war aktives Mitglied der Christian Science, verwitwet und besaß mehrere Bungalows, von deren Vermietung sie leben konnte. Die als gütig und mütterlich geschilderte weißhaarige, füllige Frau wurde von Norma Jeane als nunmehr vierte Pflegemutter «Tante Ana» genannt. *Sie veränderte mein ganzes Leben, [...] der erste Mensch in der Welt, den ich wirklich liebte, und sie liebte mich. Sie war ein wunderbarer Mensch. [...] Sie hat mir nie weh getan, kein einziges Mal. Dazu war sie nicht in der Lage. Sie war die Güte und Liebe in Person.*[27]

Zunächst eiferte die Dreizehnjährige ihrer neuen Tante in den Exerzitien und Lebenshaltungen der Christian Science nach. Doch je deutlicher sie in die Pubertät kam, desto mehr verlor sie ihren Gauben an Inhalt und Kraft dieser Religion. Die puritanische Haltung zum Körper und allem Sinnlichen, die Ana Lower vorlebte, machte es der Heranwachsenden unmöglich, sich der Tante zu öffnen. Und als Norma Jeane unter schmerzhaften Krämpfen ihre erste Menstruation bekam, war Ana Lower, trotz ihrer Heilerin-Position in der Kirche, ziemlich hilflos.

In der Schule gehörte das Mädchen zu den mittelmäßigen Schülern. Sie war sehr still, *und einige nannten mich auch oft ‹die Maus›. [...] Ich glaube, daß ich nicht sehr beliebt war.*[28]

Doch Ende 1939 änderte sich das innerhalb weniger Wochen. Norma Jeane kam im Herbst in die achte Klasse der Emerson Junior High School und bekam bei 1,65 Meter Größe den Körper einer jungen Frau. Bewußt ließ sie ihre gutgewachsenen Brüste unter einem eng anliegenden Pullover ohne BH betrachten. Sie kaufte sich – damals revolutionär und für sie billig – enge Männerjeans. Darin wurde sie von den Lehrern zweimal nach Hause geschickt, weil Mädchen Röcke in der Schule zu tragen hatten. *Plötzlich schien sich mir die ganze Welt zu öffnen.*[29] Norma Jeane begann, etwas ganz Neues, Eigenes aus sich zu machen, entgegengesetzt zum Bild der Vergangenheit: Sie war das am weitesten entwickelte Mädchen, beherrschte die Kunst des Schminkens und Frisierens und zog sich sehr gewagt für die Zeit an. *Sogar die Mädchen wurden auf mich aufmerksam, nur weil sie dachten: Hmm, mit der muß man rechnen! Ich mußte immer zu Fuß zur Schule gehen, und es war das reinste Vergnügen. Jeder Kerl hupte wie wild. [...] Die Welt wurde freundlich.*[30]

Aber auch wenn die Vierzehnjährige, die zu einem Star ihres Jahrgangs heranwuchs, die Bluse unter ihrem Busen knotete, ihr ging es nicht um frühe Sexualkontakte. Denn eigentlich *wußte ich [...] nichts über Sex, und das war wahrscheinlich auch ganz gut so* [31].

Ende 1940 wurde Ana Lower sehr krank. Die ihr anvertraute Pflegetochter kam zurück zu den Goddards. Dort lebte zwar noch Doc Goddard, der sich Norma Jeane gewaltsam genähert hatte, aber inzwischen auch Eleanor, die gleichaltrige Tochter von Goddard, mit der sich Norma Jeane eng befreundete. Dieses Mädchen hatte, ehe sie zu ihrem Vater und dessen neuer Frau Grace kommen durfte, eine Odyssee von schrecklichen Heim- und Pflegeaufenthalten hinter sich. Viele Details von Schilderungen aus Eleanors Kindheit übernahm Marilyn Monroe später kurzerhand in ihre Berichte über die eigene Herkunft.[32]

Im Juni 1941 verließ Norma Jeane nach der neunten Klasse die Emerson Junior High School – mit nicht gerade beeindruckenden Noten, außer im Fach Journalismus. In der Sprecherziehung fiel sie beinahe durch, weil sie Angst hatte, sich in einem großen Kreis zu artikulieren. Das war, wie damals im Waisenheim, ein früher Hinweis auf ihre spätere Schwäche bei Aufregung: ein Stottern, das sie bei Film- und Theaterarbeiten überfallen konnte oder bei Auftritten vor Journalisten.

Das Mädchen kam jetzt in die Van Nuys High School, die in der Nähe der Wohnung der Goddards lag.

Hiermit begann ein neuer Lebensabschnitt, die Odyssee ihrer Kindheit lag hinter ihr. Die Kinderjahre voller Dramen und tiefer Verletzungen sollten sie in ihrem späteren Leben immer wieder einholen: Sie waren die Ursache schwerer Depressionen, aber auch eines großen Einfühlungsvermögens in andere Schicksale.

Norma Jeane (Bildmitte) auf dem Jahresfoto der neunten Klasse an der Emerson Junior High School, 1941

## 2. Der schöne Teeny

*«Was für ein Daddy!»*[33] rief Norma Jeane eines Tages, aus der Schule kommend, ihrer Freundin Eleanor Goddard zu, die krank daheim geblieben war. Damit meinte sie einen nur fünf Jahre älteren Jungen, der sie nach Hause gefahren hatte. («Daddy» – so nannte sie später manchmal auch ihre Männer oder Liebhaber, im Leben wie in Filmen.) James E. Dougherty, damals zwanzig Jahre alt, fuhr ein schnittiges blaues Ford-Coupé und ging eigentlich mit älteren Mädchen aus. Aber seine Mutter, Freundin und Nachbarin von Grace Goddard, hatte ihn gebeten, Norma Jeane zur etwas weit entfernt gelegenen High School zu fahren und sie abzuholen. Er fand, «daß sie ein hübsches kleines Ding war […], aber für mich […] nur ein Kind»[34].

Norma Jeane ging jetzt in das erste Semester der zehnten Klasse, das im September 1941 begonnen hatte. Ihre Leistungen waren hier noch schlechter als in der Emerson Junior High School. James Dougherty, von allen nur Jim genannt, war der Jüngste von fünf Geschwistern. Ehemals Football-Star und Schulsprecher an der Van Nuys High School, arbeitete er gleich nach Schulschluß in verschiedenen harten Jobs, unter anderem als Leichenwäscher. 1941 hatte er eine Stelle bei den Lockheed-Flugzeugwerken bekommen, die er annahm, um die Familie, die ohne Vater lebte, zu unterstützen, obwohl er mit einem Stipendium hätte ans College gehen können. Er sah, besonders durch einen gepflegten Schnurrbart, älter als zwanzig aus und erinnerte die fünfzehnjährige Norma Jeane an Clark Gable, ihr männliches Leinwand-Idol aus der Kinderzeit in Hollywood.

Anfang 1942 schon, Norma Jeane war erst ein paar Monate wieder im Hause Goddard, machte Grace ihrer jungen Adoptivtochter eine neue Eröffnung: Ihr Mann Doc werde in East Virginia eine Stellung als Verkaufsleiter annehmen. Sie und Eleanor zögen mit – für Norma Jeane sei kein Platz, leider. James Dougherty sagte später: «Von diesem Augenblick an hatte sie weniger Achtung vor Grace. […] Grace hatte Norma Jeane gesagt, daß sie nie wieder in Unsicherheit leben müßte, und jetzt hatte das arme Mädchen das Gefühl, daß Grace ihr Wort gebrochen hatte.»[35] Ab Ende Januar kam das Mädchen wieder zur «Tante» Ana Lower zurück, der es kurzfristig gesundheitlich besser ging. Und sie mußte wieder auf eine andere Schule gehen, die University High School. Sie soll dort voller Geltungsdrang und neuem Selbstwertgefühl ziemlich laut gewesen sein. Innerlich mußte sich die Fünfzehnjährige auf den endgültigen Abschied von den Goddards und besonders ihrer neugewonnenen Freundin Eleanor vorbereiten.

Dann ging es Ana Lower wieder schlechter. Norma Jeane drohte erneut das Waisenhaus. In dieser Situation wurde von Grace und Mrs.

Dougherty eine Heirat mit Jim in Erwägung gezogen. Jims Mutter präsentierte dem Sohn den Vorschlag mit der Bitte, das junge Mädchen vor dem Waisenhaus zu beschützen. Der große Junge hatte überhaupt noch nicht ans Heiraten gedacht und fand das Mädchen sehr jung als Ehefrau. Aber «ich willigte ein, weil ich bald zum Militär gehen würde, und ich dachte, dann hätte sie ein Zuhause bei meiner Mutter. Und natürlich fand ich sie wunderbar und war gern mit ihr zusammen.»[36]

Im März 1942 ging die Fünfzehnjährige von der High School ab, mitten im zweiten Schuljahr, und danach nie wieder zur Schule. Ein lebenslanger Minderwertigkeitskomplex, was Bildung anging, blieb als Konsequenz aus diesem Schritt. Obwohl das Mädchen zahlreiche Ehen hatte scheitern sehen und viele unvollständige Familien kennenlernte, willigte sie aus Angst vor dem Waisenhaus in die Heirat ein. Ein paar Tage nach ihrem sechzehnten Geburtstag zog das Paar in einem Ein-Zimmer-Bungalow zusammen. *Grace McKee arrangierte eine Heirat für mich. Ich hatte keine Wahl. Sonst kann man nicht viel dazu sagen. Sie konnten mich nicht ernähren, und deshalb mußten sie sich etwas einfallen lassen.*[37]

Weder ihre Mutter Gladys noch andere Verwandte und auch nicht die Goddards nahmen an Norma Jeanes Trauung mit James E. Dougherty am 19. Juni 1942 in West Los Angeles teil. Bei der Zeremonie zitterte die Braut «so stark, daß sie kaum stehen konnte»[38]. «Sie klammerte sich den ganzen Nachmittag an meinen Arm, und selbst dann sah sie mich ständig an, als ob sie Angst hätte, ich könnte verschwinden, sobald sie den Raum verließ.»[39]

Marilyn selbst sagte später über ihre Ehe: sie *machte mich nicht traurig, aber sie machte mich auch nicht glücklich. Mein Mann und ich redeten kaum miteinander. Aber nicht, weil wir ärgerlich aufeinander waren. Wir hatten uns einfach nichts zu sagen. Ich kam um vor Langeweile.*[40] Obwohl Norma Jeane anfangs bemüht war, die gute Hausfrau zu spielen, war sie zu ungeübt darin, und, wie ihr Mann später aussagte, ungeschickt. Seine einfache Art zu leben engte sie ein und langweilte sie. «Sie war so empfindlich und unsicher, und mir wurde bewußt, daß ich nicht bereit war, mich darauf einzulassen», sagte Dougherty später.[41]

1943 absolvierte Dougherty seine Grundausbildung auf der Insel Catalina, die militärisches Sperrgebiet und Ausbildungslager wurde, nachdem die USA Deutschland den Krieg erklärt hatten. Norma Jeane folgte ihm, mit dem Hündchen Bugsy, einem aufgelesenen Collie. In Catalina waren Frauen «Mangelware», und Norma Jeane Dougherty zeigte sich gern in knappen Bikinis am Strand, was ihren Mann nicht gerade erfreute. Im Frühjahr 1944 wurde er in den Krieg im Pazifik geschickt. Trotz gemischter Gefühle verabschiedete seine junge Frau ihn unter Tränen und erneuten Verlassenheitsängsten.

Hochzeit mit Jim Dougherty, 19. Juni 1942

Sie kehrte zurück nach North Hollywood und lebte zunächst mit ihrer Schwiegermutter zusammen. Ethel Dougherty arbeitete als Krankenschwester in der Firma Radioplane Company, die unter anderem die ersten unbemannten, funkgesteuerten Fluggeräte herstellte. Dort vermittelte sie im April 1944 auch Norma Jeane eine Stellung. Ein typischer Frauenarbeitsplatz in Kriegszeiten: sie mußte im sogenannten «Dope Room» Rumpfteile von Flugzeugen mit stinkendem Lack einsprühen. Nachdem die jetzt Achtzehnjährige im Sommerurlaub ihren ehemaligen Vormund Grace in Chicago besucht hatte, wo die mittlerweile ziemlich alkoholabhängige Cutterin in einem Filmlabor arbeitete, wurde sie von ihrer Firma in eine Abteilung versetzt, die Fallschirme zu prüfen hatte.

Weihnachten 1944/45 kam Jim Dougherty zum erstenmal auf Heimaturlaub. Trotz aller Selbständigkeit, die die junge Frau inzwischen erlangt hatte, und eines inneren Abstands zu ihrem Mann klammerte sie sich vor seiner Abreise wieder an ihn, als ginge es bei ihr und nicht bei ihm um Leben und Tod.

Im Herbst 1944, ein paar Wochen, bevor ihr Mann auf Weihnachtsurlaub kam, war der spätere Star für die ersten Fotografien entdeckt worden, und zwar auf der Arbeitsstelle – wie in allen Biographien und Bildbänden immer wieder beschrieben wird, weil es wie die Geschichte vom Aschenputtel klingt. Militärfotograf David Conover, damals 25 Jahre alt, sollte im Auftrag seines Vorgesetzten, eines gewissen Ronald Reagan, optimistische Fotos von jungen Rüstungsarbeiterinnen mitbringen, die sich voller Patriotismus für den Dienst am Vaterland gemeldet hatten. Norma Jeane kontrollierte, wie sie es als Marilyn Monroe später immer tun wird, alle Kontaktabzüge des Fotografen. Äußerst selbstkritisch ging sie jede Einstellung durch. Sie gab sich von Anfang an nur mit dem Perfekten zufrieden. «Norma Jeane Dougherty beschäftigte sich intensiv mit Fotografie, stellte detaillierte Fragen über die Kamera, Beleuchtung und verschiedene Filmarten.»[42] Sie wollte Bescheid wissen, nicht nur über den Part, den sie gab: das blitzende Augenlächeln, das offene Lachen, bei dem sie ihre lockigen, damals noch kastanienbraunen Haare in den Nacken warf.

Von Juni bis Mitte des Sommers 1945 macht der Armeefotograf David Conover weitere Aufnahmen von ihr und fährt dafür mit dem jungen Mädchen durch Kalifornien. Zur damaligen Zeit absolviert Jim Dougherty seinen Kriegsdienst. Die Fotos erscheinen in Armeeheften, andere bleiben im Privatbesitz des neuentdeckten Models. Und so beginnt die blitzartige Karriere der späteren Filmschauspielerin als Fotomodell. Es wird eine Passion und Profession, auf die sie immer wieder zurückgreifen wird: in Zeiten, in denen es filmisch nicht recht vorangehen will oder in denen sie Interesse daran hat, von sich reden zu machen.

Ihr Flirt mit der Kamera, von dem viele Fotografen hymnisch berichten, war eine perfekte Art der Selbstinszenierung, eine erotische, exhibitionistische Kommunikation, bei der die Fotografen nicht selten sich selbst mit dem Objektiv verwechselten, annahmen, die Hingabebereitschaft gelte ihnen.[43]

Die Schwiegermutter mißbilligte die Entwicklung zum Fotomodell und teilte die neuen Fakten ihrem Sohn in Übersee mit. Aus dem bemitleidenswerten Geschöpf, das sie und Grace Goddard unter die Haube gebracht hatten, war eine bemerkenswert auffallende, auch ehrgeizige Aufsteigerin geworden, die dabei ihren Liebreiz nicht verlor. Norma Jeane zog bei dieser Entwicklung der familiären Verhältnisse lieber wieder bei ihrer «Tante» Ana Lower ein, und zwar in die untere Hälfte von deren Zweifamilienhaus. Jim Dougherty schrieb ihr: «Die Sache mit dem Fotografieren ist ja gut und schön, aber wenn ich zurückkomme, dann

Propaganda für den Krieg gegen die Achsenmächte: Marilyn in einem US-Rüstungsbetrieb. Foto von David Conover, 1944

bekommen wir eine Familie, und Du läßt Dich nieder. Du kannst nur e i n e Karriere haben, und eine Frau kann nicht an zwei Orten gleichzeitig sein.»[44] Dieser letzte Satz könnte als Motto über Marilyn Monroes Leben stehen. Denn es wurde zu ihrem Lebensdrama, die beiden Be-

dürfnisse Liebe (später auch Mutterschaft) und Beruf nicht zusammenbringen zu können. *Ich wollte doch nur herausfinden, was ich war. Jim
glaubte, das zu wissen, und meinte, ich sollte zufrieden sein. Aber das war
ich nicht. Die Ehe war vorüber, lange bevor der Krieg zu Ende ging.*[45]

Am 2. August 1945 bewarb sich die junge Ehefrau auf Anregung des
Fotografen Conover und eines Kollegen, der auch von ihr begeistert war,
bei der Blue Book Agency für Fotomodelle und Mannequins von Emma
und Emmeline Snively. In den Akten der Agentur wurde das neue hoffnungsvolle Talent, das jetzt auch Unterricht im Posieren nahm, unter folgenden Angaben geführt: «1,65 m, 107 Pfund, Maße: 91 – 61 – 86, Größe
38, Haarfarbe mittelblond: zu lockig; Bleichen und Dauerwelle empfohlen», außerdem «perfekte Zähne»[46]. Weiterhin wurde angemerkt, sie
könne «ein bißchen tanzen und singen»[47]. *Das Problem war,* so Marilyn
später etwas kokett, *wenn man es so nennen will, meine Figur. Miss
Snively sagte, niemand beachte die Kleidung, weil die Kleider oder Blusen
oder Badeanzüge zu eng waren. Das heißt, die Leute sahen mich an und
kümmerten sich nicht um die Klamotten.*[48]

Im Winter 1945 sollte das Mädchen für eine Shampoo-Werbung von
dem Fotografen Raphael Wolff abgelichtet werden. Dafür schickte er sie
zum Haarefärben und -glätten, die Locken wurden in goldblonde Wellen
gelegt. Es muß ihr gefallen haben. Sie wurde ihrem Idol Jean Harlow
immer ähnlicher. So begann im Winter 1945 der legendäre Aufstieg einer
Blondine, d e r Blondine der fünfziger Jahre, der in Goldblond seinen
Anfang nahm. Später feierte sie im glänzenden Seidenblond ihren Siegeszug auf der Leinwand und triumphierte schließlich im schimmernden
Platin ihrer letzten Lebensjahre. Ihre Adoptivmutter Grace sah ihre Prophezeiungen Wirklichkeit werden. Der zurückgekehrte Jim Dougherty
hatte weniger Freude daran. «Sie war damit beschäftigt, Modell zu
stehen, und verdiente damit gutes Geld. Damals bemerkte ich zum erstenmal, wie ehrgeizig sie war.»[49]

Am Tag seiner Rückkehr aus Übersee fuhr sie mit einem fremden
Mann auf Fotoreise. Es war der zweiunddreißigjährige ungarische Starfotograf André de Dienes. Denn mittlerweile war Norma Jeane mit
neunzehn Jahren zum begehrten Model avanciert. Die Blue Book
Agency hatte sie auf mehrere Titelseiten gebracht.[50] Bei der Fotoreise
mit Dienes, auf der die berühmtesten Bilder jener Lebensphase entstanden[51], versuchte der dreizehn Jahre ältere Fotograf, ein sexuelles Abenteuer anzubahnen, «das sie nicht bereuen sollte»[52]. Dies gelang ihm
zunächst nicht. Norma Jeane wollte ernsthaft arbeiten, vorteilhaft herauskommen, Spaß bei der Arbeit haben – und sonst gar nichts.

Die Fotoarbeiten in Kaliforniens Landschaft mußten unterbrochen
werden, weil Grace ein Treffen mit Norma Jeanes Mutter arrangiert

25

Marilyn Monroe. Foto von André de Dienes, 1945

hatte. Gladys war ein Jahr zuvor aus der letzten Klinik entlassen worden, mit zwei Kleidern und 200 Dollar im Gepäck. Sie war aber, ohne ein Dach über dem Kopf, nach einigen Monaten so heruntergekommen und abgemagert, daß die Tochter, die mit Geschenken angereist war, zutiefst erschrak – sie hatten einander sechs Jahre nicht mehr gesehen. Die Mutter äußerte den Wunsch, bei Norma Jean zu leben, was diese mit Angst erfüllte. Dennoch legte sie ihr beim Abschied Adresse und Telefonnummer hin.

Anschließend tröstete sie sich in den Armen von Dienes, der sie begleitet hatte und nun endlich die Früchte seiner Bemühungen ernten konnte: «Ich wollte sie unbedingt zu meiner Geliebten machen.»[53] Die kurze Affäre, die sich 1946 daran anschloß, erwähnte Marilyn Monroe später nicht mit einem Wort.

Als sie am Ende dieser Reise nach Los Angeles zurückkehrte, forderte ihr Ehemann, sie solle sich jetzt zwischen ihm und ihrer Karriere entscheiden. Ende Januar mußte er wieder zu seiner Einheit in den Pazifik, um Soldaten und Kriegsmaterial in die Heimat zurückzuführen.

Die Ehe Dougherty wurde am 13. September 1946 auf Initiative von Norma Jeane geschieden. Sie lebte zu dem Zeitpunkt längst allein bei Ana Lower und war zum Zweck der schnellen Eheauflösung nach Las Vegas, Nevada gezogen, zu einer Tante von Grace Goddard, um dort am 14. Mai die Scheidung einzureichen.

Ihre Fotoaufträge gingen derweil erfolgreich weiter.[54] Von ihrem ehemaligen Vormund Grace distanzierte sich das junge Covergirl immer mehr, denn diese war endgültig Alkoholikerin geworden. Überhaupt begann sich Norma Jeane 1946 langsam von ihrer problematischen Vergangenheit zu lösen, auch wenn gerade in jenem Frühjahr noch einmal eine harte Probe auf sie zukam: Ihre Mutter hatte sie in herzzerreißenden Briefen um Aufnahme angefleht. So schickte die Tochter im April eine Fahrkarte und versuchte, mit ihr in der Zweizimmerwohnung auszukommen, die sie in der Nebraska Avenue bei Ana Lower gemietet hatte. Aber es war unmöglich; Gladys war oft nicht ansprechbar, «sie wanderte umher und […] war unberechenbar»[55]. Schon Ende April mußte die Tochter ihre Mutter erneut in eine Klinik einweisen lassen. Ihr Leben als Marilyn Monroe sollte später immer wieder von der Angst bestimmt sein, selbst verrückt zu werden.

1946 aber war erst einmal das Jahr ihrer ersten Emanzipation: in einer Zeit, in der viele Frauen nach dem Krieg froh waren, einen Ehemann und Versorger zu haben, trennte sie sich von ihrem Mann, zog einen Schlußstrich unter ihre Tochterrolle und begann, eine eigene Karriere aufzubauen. Norma Jeane war jetzt zwanzig Jahre jung.

# 3. Ein Talent wird entdeckt

Anfang des Jahres 1946 spricht das erfolgreiche Fotomodell mit der Agentin Emmeline Snively und verschiedenen Fotografen über Filmmöglichkeiten. Fast alle Fotostarlets sahen sich damals als zukünftige Stars des boomenden Hollywood. Aber Emmeline Snively nimmt das junge Talent ernst. Ihre alte Freundin Helen Ainsworth, eine bekannte Filmagentin, arrangiert ein Treffen zwischen Norma Jeane und Ben Lyon, einem Talentsucher der Twentieth-Century-Fox-Studios. Am 19. Juli 1946 posiert das Model zu Probeaufnahmen vor den Kulissen eines neuen Betty-Grable-Films («Mother Wore Tights»).

Als die Filmkamera endlich lief, fand eine Verwandlung bei dem aufgeregten Mädchen statt, die später immer wieder beobachtet wurde und die der Kameramann Leon Shamroy fünf Jahre später so beschrieb: «Als ich sie beim ersten Mal beobachtete, dachte ich mir: ‹Das Mädchen wird eine zweite Harlow!› Ihre natürliche Schönheit zusammen mit ihrem Minderwertigkeitskomplex gab ihr etwas Geheimnisvolles... Dieses Mädchen hatte etwas, was ich seit Stummfilmzeiten nicht mehr gesehen hatte. Sie besaß eine Art phantastischer Schönheit, wie Gloria Swanson... und auf dem Filmstreifen brachte sie Sex rüber wie Jean Harlow. Jedes einzelne Bild der Probeaufnahmen strahlte Sex aus. Sie brauchte keine Tonspur, sie wirkte rein optisch. Sie zeigte uns, daß sie in Filmen Gefühle verkaufen konnte.»[56]

Am 23. Juli 1946 unterzeichnet Norma Jeane ihren ersten Filmvertrag bei der Twentieth Century Fox. Deren Chef Darryl F. Zanuck, der nichts Besonderes in ihr sah, folgte dem Rat seiner Kollegen Lyon und Shamroy, da eine Gage von 75 Dollar pro Woche absolut kein Risiko für ihn barg: ein Standardvertrag für ein Jahr. Sie bekam eine Fixgage, ob sie spielte oder nicht, und das Studio die Option, den Vertrag um ein halbes Jahr – mit doppeltem Gehalt – zu verlängern.

Grace Goddard, immer noch Vormund für die Zwanzigjährige, unterschrieb den Vertrag. Da die Presseabteilung der Fox sehr rührig war, konnte das Mädchen seinen Namen schon am 29. Juli in einer Klatschspalte der Kolumnistin Hedda Hopper lesen, und am 5. September meldete die Zeitschrift «Variety», daß Norma Jeane Dougherty von der Fox unter Vertrag genommen worden sei.

Eine Kleinigkeit mußte allerdings noch geändert werden, meinte Ben Lyon, der sie dem Studio vermittelt hatte: ihr Name, denn Dougherty könne sich keiner merken. Spontan kam Norma Jeane auf Monroe, den Namen ihrer Familie mütterlicherseits – diese Herkunft war gesichert, außerdem klang er gut. Nicht so gut klang für Ben Lyon Jeane Monroe, das war Jean Harlow doch zu ähnlich. Er kam auf Marilyn, weil er

Foto von André de Dienes

Marilyn Miller, «eine wunderbare Schauspielerin»[57], gekannt und ver-
ehrt hatte, die in den zwanziger Jahren ein Broadway-Star mit kurzfristi-
gem Filmerfolg gewesen war. Die junge Schauspielerin war nicht sofort
begeistert; sie hatte Angst, sie würde bei diesem entscheidenden Schritt
ihrer Karriere etwas falsch machen. Aber schließlich war sie einverstan-
den: *Na ja, ich glaube, ich bin Marilyn Monroe.*[58]

Das Fox-Studio wurde maßgeblich von einem Mann bestimmt, der aus Nebraska stammte, 44 Jahre alt und sehr laut war. Er rauchte ständig Zigarre und brüllte seine Leute an. «Stimmen Sie mir erst zu, wenn ich ausgeredet habe!» ist ein berühmter Ausspruch von Darryl F. Zanuck. Er war ein «dominantes Energiebündel»[59] und sehr erfolgreich. Jeder Vertrag, der geschlossen wurde, ging über seinen Schreibtisch. Als Produzent holte er mehr als 32 Oscars für das Studio. Marilyn Monroe allerdings hat er erst sehr spät als Kassenmagnet erkannt. Zunächst übersah er sie, bei Besetzungen überblätterte er ihr Bild. Die Firma Twentieth Century Pictures war 1933 von Zanuck und Joseph M. Schenck, einem anderen erfolgreichen Produzenten, gegründet worden und hatte schon 1935 mit der damals ruinösen Fox fusioniert. Schenck, der weit älter war als Zanuck, bekam den Posten als Aufsichtsratsvorsitzender, Zanuck wurde Vizepräsident und Produktionschef.

Marilyn Monroe war froh, für ein Jahr ein festes Gehalt zu haben, aber enttäuscht, während des gesamten Jahres 1946 nicht ein einziges Mal eingesetzt zu werden. Sie lebte immer noch bei Ana Lower und kam mit dem Bus oder dem Fahrrad in die Studios. Obwohl sie keine Verpflichtung dazu eingegangen war, erschien sie jeden Tag. Sie wollte lernen, was es zu lernen gab, und schaute überall zu. Dabei befreundete sie sich mit dem schon berühmten Maskenbildner Allan Snyder, der erzählte: «Ihr sehnlichster Wunsch war, so viel wie nur irgend möglich aufzuschnappen.»[60] Wie Shamroy und Lyon hatte Snider schnell die besondere Qualität dieser jungen Frau erkannt und bewunderte besonders, wie sie mit der täglichen Enttäuschung fertig wurde, ohne sich gehen- oder hängenzulassen.

Die Standfotografen der Fox schlachteten die Tatsache weidlich aus, daß ein so attraktives, brachliegendes Talent im enganliegenden Pullover oder in kurzen ausgestellten Shorts gut geschminkt über das Studiogelände stakste. (Wahrscheinlich schon mit ihrem unnachahmlichen Gang, der laut eigener Aussage naturgegeben und nicht antrainiert gewesen sein soll.) «Für sie posierte Marilyn gern in knappen Badeanzügen oder in Negligés mit der Transparenz von Cellophanpapier.»[61] Zu diesen Fotos erfand die Werbeabteilung dann Geschichten vom traumhaften Aufstieg «blonder Babysitter» und andere Klischees.

Nachdem der Vertrag mit dem Starlet im Februar 1947 um ein halbes Jahr verlängert worden war, verschaffte ihr das Studio endlich einen kleinen Auftritt in einem unbedeutenden Film, «Scudda-Hoo! Scudda-Hay!», der im englischen Verleih «Summer Lightning» hieß. In dem provinziellen Streifen des Regisseurs F. Hugh Herbert kann man sie in einer Szene kurz sehen und hören, wie sie «Hi, Rad!» ruft.

Im Mai 1947 durfte sie in dem fast ebenso uninteressanten Film «Dangerous Years» («Gefährliche Jahre») mitspielen, einem Leinwandereig-

Marilyn und andere Starlets der Twentieth Century Fox

nis, bei dem sie an vierzehnter Stelle im Vorspann erscheint und eine Kellnerin im kriminellen Jugendmilieu spielt.

Im August 1947 wird ihr Vertrag nicht mehr verlängert. *Na ja, wahrscheinlich macht es nichts – es ist eine Frage von Angebot und Nachfrage*[62], sagte sie zu Harry Lipton von der Fox, der ihr die Mitteilung zu überbringen hatte. Mit ihr wurde eine Reihe nicht unbedingt benötigter Schauspieler entlassen.

Für Marilyn bedeutete das Arbeitslosigkeit. Da sie dennoch ihre Hoffnung, für Hollywood entdeckt zu werden, nicht aufgeben und nicht wieder in einer Fabrik arbeiten wollte, verkaufte sie sich wie so viele Mädchen in den Seitenstraßen vom Hollywood- und Santa Barbara-Boulevard. Lee Strasberg, ihr späterer berühmter Schauspiellehrer, bestätigte das: «Marilyn war ein Callgirl.»[63] Das hatte sie ihm selbst erzählt.[64]

Doch das ganze Jahr 1947 hindurch war Marilyn trotz ihrer Arbeitslosigkeit auch im Schauspieler-Metier aktiv: sie nahm an Kursen des Actors Laboratory, eines Seitenzweigs des New Yorker Group Theatre teil, wo sie mit bekannten Theaterschauspielern proben oder ihnen bei ihrer Rollenbearbeitung zuschauen durfte[65]: *Einen größeren Unterschied zu «Scudda Hoo» kann man sich nicht vorstellen. Es war mein erster Vorgeschmack darauf, was richtiges Schauspielern in einem richtigen Stück sein konnte, und ich war fasziniert.*[66]

Ihre Stunden beim Actors Laboratory hätte sie bald nicht mehr bezahlen können (denn ihre Callgirl-Tätigkeit reichte gerade für Miete und Essen), wenn sie nicht zufällig das großzügige Ehepaar Carroll kennengelernt hätte. John Carroll war ein zweiundvierzigjähriger, großer und gutaussehender Schauspieler, der sein Geld sehr vorteilhaft angelegt hatte. Seine Frau Lucille Ryman war eine bekannte Talentsucherin bei Metro Goldwyn Mayer. Das Ehepaar war dafür bekannt, daß es «mitunter junge mittellose Zöglinge, die Talent zeigten, mit Rat und Tat und auch Geld unterstützte»[67]. Marilyn war den Carrolls bei einem Golfspiel vorgestellt worden, zu dem sie, zwei Wochen vor ihrer Kündigung, von ihrer Filmfirma als weiblicher Caddy für prominente Schauspieler verpflichtet wurde, wie viele Nachwuchs-Sternchen von der Fox.

Besonders Lucille Ryman hatte mit der Einundzwanzigjährigen Mitleid: «Ich weiß noch, daß ich dachte: ‹Ach, dieses arme kleine Wesen, dieses streunende Kätzchen.›»[68] Marilyn hatte ihr gegenüber ihr Doppelleben offenbart: *Ich weiß nicht mehr weiter. Ich muß irgendwo schlafen. Und ich muß essen und ein Auto haben und den Unterricht bezahlen. Wahrscheinlich muß ich einfach weiter am Boulevard anschaffen gehen.*[69]

Weil sie nicht nur arbeitslos war, sondern auch Angst in ihrer schäbigen kleinen Wohnung hatte (sie erzählte Geschichten von Männern, die bei ihr einstiegen), erlaubten die Carrolls der jungen Frau, mietfrei in einer zweiten Suite ihrer Stadtwohnung in Hollywood zu leben. Dazu kam, nach einzelnen Zahlungen den September 1947 hindurch, ab Herbst eine vertraglich gesicherte großzügige Zuwendung von 100 Dollar pro Woche.

Durch die Carrolls eingefädelt, kam Marilyn Monroe eines Samstagabends in die Villa des neunundsechzigjährigen Joseph Schenck zu

Joe Schenck

einem seiner bekannten Pokerspiele. *Ich wurde nur zur Zierde eingeladen, um die Gesellschaft aufzumuntern.*[70] So war es. Und besonders
wirkte sie auf den alten Twentieth-Century-Zaren Joe Schenck. Vom
nächsten Tag an, als der Produzent eine Limousine schickte, um Marilyn,
die er schon am Pokerabend ins Auge gefaßt hatte, zum Essen abzuholen, hatten beide ein Verhältnis miteinander. Die Frau von Milton
Greene, dem Fotografen und späteren Firmenteilhaber der Marilyn
Monroe Productions, erinnert sich, daß Marilyn ganz offen von der
Affäre mit Joe Schenck gesprochen habe. «Er förderte ihre Karriere, und

sie gab, worum sie gebeten wurde.»[71] Schenck machte sie mit dem gefürchtetsten und unbeliebtesten Produzenten Hollywoods bekannt, dem Leiter der Columbia-Studios, Harry Cohn. Er war sein Poker-Partner.[72]

Ende Februar empfing Cohn Marilyn Monroe in seinem Büro; am 9. März hatte sie einen Halbjahresvertrag in der Tasche, mit einem Gehalt von 125 Dollar die Woche. Allerdings knüpfte sich eine Bedingung daran: Sie mußte sich den letzten Rest Braun entfernen lassen, der noch in ihrem Haar zu finden war, und ihren Haaransatz durch Elektrolyse höher gestalten lassen. Jetzt war sie der Blondine Jean Harlow noch ähnlicher. Und dann liefen die Maschinen der Abteilungen für Talentförderung und Öffentlichkeitsarbeit heiß: Informationen wurden herausgegeben über das Leben des Starlets, Probeaufnahmen gemacht und eine Schauspiellehrerin gesucht.

Marilyn Monroe hatte es durch Ehrgeiz, ein Gefühl für die richtigen Leute und eine sehr eigene Ausstrahlung geschafft, wahrgenommen zu werden. Dies war ihr durch die graue Kindheit programmiertes Ziel. Es war zwar noch nicht die Art von Beachtung, die sie wirklich befriedigen konnte, aber immerhin war sie früh auf dem Weg dorthin. Ihre persönlichen Wünsche nach Nähe und Geborgenheit hatte sie dafür zunächst zurückgestellt. Sie war am Beginn ihrer Entwicklung zum «Everybody's Darling», zur weiblichen Verkörperung des «Amerikanischen Traums». Dank ihrer ungeheuren Energie und dem richtigen Auftreten, zu dem bei ihr auch eine gehörige Portion Hilflosigkeit gehörte, wurden jetzt die Weichen für eine Karriere gestellt.

# 4. Glamour und Kampf

Die von der Columbia engagierte Lehrerin hieß Natasha Lytess. Sie empfing Marilyn in ihrer eigenen Wohnung und *redete wie ein Wasserfall, sprudelte über von Eindrücken und Bildern. Ich saß nur da und beobachtete ihre ausdrucksvollen Hände und ihre blitzenden Augen und hörte ihrer selbstbewußten Stimme zu.*[73]

Die Studio-Lehrerin erlebte ihre neue Schülerin als «gehemmt und verkrampft», eine Frau, die «kein Wort frei sprechen» konnte. «Sie hatte die unnatürliche Angewohnheit, die Lippen kaum zu bewegen, wenn sie sprach.»[74]

Wie das Autoritätsgefälle in dieser Beziehung war, zeigt der jeweilige Blick der Protagonistinnen aufeinander: Marilyn: *Sie erzählte, was sie alles erlebt habe, und machte deutlich, daß sie viel wußte. Aber sie gab mir auch zu verstehen, daß ich ebenfalls etwas Besonderes sei.*[75] Natasha: «Sie

Marilyn mit
ihrer Schau-
spiellehrerin
Natasha
Lytess

wußte, daß ihr Sexappeal unfehlbar wirkte, daß er das einzige war, worauf sie sich verlassen konnte.»[76]

Natasha Lytess, eine Frau von 35 Jahren, hatte ganz jung beim Regisseur Max Reinhardt studiert. In Berlin war sie kurze Zeit bis 1933 im Repertoiretheater aufgetreten, ehe sie ins Exil nach Amerika ging. In Kalifornien versuchte sie wie ihr Idol Reinhardt, Fuß zu fassen, war aber nicht gefragt als Filmschauspielerin. Seit 1947 geschieden, lebte sie allein mit einer kleinen Tochter und gab Schauspielunterricht.

Die Lehrerin versuchte, ihrer neuen Schülerin eine exakte und bühnenreife Aussprache beizubringen. Natasha Lytess wurde für die folgenden Jahre Marilyns wichtigste Mentorin und Beraterin. Die junge Schauspielerin wußte, daß sie hier etwas mitbekommen konnte, das ihr durch ihre mangelnde Ausbildung bisher versagt geblieben war. Natasha

Lytess, eine knochige, eher farblose Erscheinung, war der absolute Kontrapunkt zu Marilyn, deren Naivität, Zielsicherheit und strahlende Schönheit die in Hollywood erfolglos gebliebene Schauspielerin bewunderte und beneidete. Kritiker sagen: Die Lytess machte sich unersetzlich, verliebte sich die junge Schönheit sozusagen ein. Dabei gab sie ihr viel mit auf den Berufsweg – dies allerdings in einer Strenge und Sparsamkeit des Lobes, daß kaum jemand vermutet hätte, wie sehr die Lehrerin in ihren Zögling verliebt war. «Eines Tages nahm ich sie in den Arm und sagte zu ihr: ‹Ich möchte dich lieben.› Ich weiß noch, daß sie mich nur ansah und meinte: ‹Du brauchst mich nicht zu lieben, Natasha, du brauchst nur mit mir zu arbeiten.›»[77]

Der Einfluß der Bühnenlehrerin auf den kommenden Kinostar erfreute die Regisseure nicht unbedingt – besonders weil sie auf Marilyns Wunsch hin ständig mit am Set sein mußte. Durch die Sprechübungen bei Natasha Lytess eignete Marilyn sich zudem eine Künstlichkeit an, die in ihren Komödien allerdings recht wirksam war. Trotzdem versuchten die Regisseure wie auch ihr späterer Lehrer Lee Strasberg, dieser Attitüde eher entgegenzuwirken. In gewisser Weise wurde das Selbstbewußtsein der lernbegierigen jungen Schauspielerin zwar langsam gestärkt, aber gleichzeitig erfuhr sie Verunsicherung. Denn ihre Lehrerin arbeitete grundsätzlich gegen Marilyns eigentliches Potential, die Spontaneität, und forderte die bewußte Erschließung einer Rolle.

Ende Frühjahr 1948 erhielt die junge Monroe ein regelmäßiges Gehalt von der Columbia. Die Carrolls, die sie seit Vertragsende bei der Fox gefördert hatten, zahlten weiterhin etwas dazu. Sie glaubten beide immer an sie. Endlich kam auch das erste Engagement, seit Marilyn Schauspielunterricht auf Kosten der Columbia nahm. Der dritte Film, in dem sie mitwirkte, basierte auf einem langweiligen Drehbuch. Er war ein B-Film voller Klischees, aber mit einer Rolle für Marilyn, die sie mit Charme und durch ihren ersten Gesangsauftritt mit sprühendem Leben füllen konnte: «Ladies of the Chorus» («Die Damen vom Ballett»), in dem sie das Chormädchen Peggy Martin mit seidig-blondem Haar spielte. Ihre Songs «Anyone can see I love you» und besonders «Everybody needs a Da-da-Daddy» sind später auch unabhängig vom Film bekanntgeworden. Sie waren eine erste Probe ihres zu Lebzeiten völlig unterschätzten Gesangstalents.[78]

Bei den Dreharbeiten zu «Ladies of the Chorus» lernte Marilyn den zehn Jahre älteren musikalischen Arrangeur und Stimmbildner des Studios kennen: Fred Karger. Sie verliebte sich in den großen blonden, gutaussehenden Mann. Er fand sie anziehend, wollte aber nie mehr als eine freundschaftlich-erotische Liaison, auch als sie nach einiger Zeit ganz verrückt danach war, ihn zu heiraten. Ausgerechnet Natasha Lytess gestand sie, daß Fred Karger der Mann ihrer Träume sei und *die einzige Sicherheit, die ich bekommen kann, in einer Ehe liegt* [79].

Doch der Musiker war geschieden, von den Frauen enttäuscht und lebte lieber mit Mutter, Tochter und Schwester zusammen. Dennoch dauerte ihre Affäre bis Ende 1948; lange Zeit noch hatte Marilyn die Hoffnung, in seiner Großfamilie so etwas wie ein neues Zuhause zu finden. Karger setzte sich beruflich stark für sie ein: «Er übte mit ihr Stimmbildung, beriet sie aber auch in Fragen ihrer Garderobe und ihres Auftretens, und sie befolgte seine Ratschläge» [80] – sogar den, sich auf seine Kosten ihren Überbiß richten und die Zähne bleichen zu lassen.

Im September 1948 lief ihr Vertrag bei der Columbia aus. Obwohl ihre Darstellung im Fachblatt «Motion Picture Herald» recht gut besprochen worden war [81], sorgte sich der Chef der Filmgesellschaft Harry Cohn im Moment noch nicht um Nachwuchsstars, er hatte als Trumpf seinen Kassenmagneten Rita Hayworth. Zum Glück gingen die Zahlungen der Carrolls weiter, so daß Marilyn nicht ganz mittellos war. Das Ehepaar bestand allerdings auf weiterem Unterricht bei Natasha Lytess. Die beriet sie nicht nur in der Schauspielkunst, sondern auch in Liebesdingen: «Sie war in einen Mann verliebt, der sie miserabel behandelte und mit ihr umsprang, wie es ihm eben einfiel. Und dabei verhielt sie sich die ganze Zeit so nett zu seiner Familie und zu seiner Tochter.» [82] Ihre Lehrerin meinte damit Fred Karger. Sie war froh, als die Affäre Weihnachten 1948 langsam zu Ende ging: «Allmählich erkannte Marilyn, daß sie sich damit keinen Gefallen tat.» [83]

Der nächste Liebhaber und einflußreiche Mann im Leben der zweiundzwanzigjährigen Monroe war Johnny Hyde, dreiundfünfzig Jahre alt – wieder eine unglückliche Liebe, nur diesmal mit umgekehrten Vorzeichen. In den nächsten zwei Jahren sollte sie den in Rußland geborenen, begabten, äußerst tüchtigen, aber schwer herzkranken Schauspieler-Agenten an den Rand einer aufopfernden ‹amour fou› treiben. Er tat alles für sie: führte sie in die wichtigen Kreise Hollywoods ein, ließ den «Huppel» auf ihrer Nasenspitze operieren, den schon Grace störend fand, ließ mit Silikonfüllungen ihr Kinn weicher gestalten, vermittelte ihr eine Filmrolle mit Groucho Marx und – noch kurz vor seinem Tod Ende 1950 – eine große Fotogeschichte im Magazin «Life» für die Neujahrsnummer 1951.

Viele Biographen kritisieren, daß Marilyn Hyde und seine Liebe ebenso ausgenutzt habe wie ihre ergebene Lehrerin Natasha Lytess. Man muß aber mit dem Monroe-Biographen Donald Spoto sagen, daß immer beide Beteiligten des jeweiligen Abhängigkeitsverhältnisses etwas davon gehabt haben. Und Marilyn war durchaus ehrlich, sie hat zum Beispiel die Heiratsanträge Hydes stets abgelehnt, ihn aber geliebt, war ihm in ihrer sexuellen Zuwendung sogar ein Jahr lang treu. Natürlich war auch Berechnung im Spiel: *Ich wußte, daß mir niemand soviel helfen konnte wie Johnny Hyde. Aber er tat mir auch leid, und er war verrückt nach mir. Ich habe ihn nie belogen, und ich glaube nicht, daß es falsch war, mich von ihm so sehr lieben zu lassen. Sexualität bedeutete ihm so viel und mir nicht.*[84]

Es gab wohl kaum einen größeren äußeren Gegensatz als zwischen diesen Partnern. Er lag nicht nur in den dreißig Jahren Altersunterschied – Johnny Hyde war lediglich 1,50 Meter groß, hatte ein kränkliches, blasses Aussehen und spärlichen Haarwuchs, sehr scharfe Züge prägten sein Gesicht.

Im Juni 1949 verließ Hyde seine Familie für die Geliebte. Er war Vizepräsident der William Morris Agency, und ab 1949 managte er nur noch Marilyn, nachdem er Lana Turner, Bob Hope, Rita Hayworth und Betty Hutton aufgebaut hatte. Marilyn wollte Hyde auch nicht heiraten, als dieser sie damit bedrängte, daß er nicht mehr lange zu leben habe, sie ihm einen Herzenswunsch erfüllen und dabei sehr bald eine reiche junge Witwe würde. Die zu diesem Zeitpunkt bettelarme Schauspielerin weigerte sich dennoch.

Aber genau wie Fred Karger konnte auch Hyde sehr ausfallend gegen Frauen werden. Marilyn ließ es sich bieten, wie sie die Operationen auf Wunsch der beiden Männer über sich ergehen ließ. Sie wollte um jeden Preis gefallen, besonders ihrem späteren Publikum – und die Erfahrung, daß Männer, die Frauen lieben, sie auch sehr schlecht behandeln können, hatte Marilyn schon sehr früh gemacht.

Als Marilyn Monroe dem sie fördernden Ehepaar Carroll im Frühjahr 1949 mitteilte, mit ihrem Geld finanziere sie jetzt die Raten für ein Cabrio, das sie sich gekauft habe, stellten diese ihre Zahlungen ein. Sie hatten erfahren, daß ihr hoffnungsvolles Talent nun in jeder erdenklichen Weise vom berühmten Manager Johnny Hyde gefördert wurde.

Im Februar des Jahres hatten die Dreharbeiten zum vierten Film des Starlets begonnen, von Hyde vermittelt. Der Produzent Lester Cowan ließ eine Farce mit den Marx Brothers drehen, Titel: «Love Happy» («Glücklich verliebt»). Aber auch nach diesem Film, für den sie, als Augenweide des ganzen Teams, später auf Werbetournee ging, stagnierte ihre Karriere, an die zu der Zeit eigentlich nur Hyde und die Lytess glaubten. Dabei hatte ihr kurzer Film-Auftritt (im schulterlosen, engen Abendkleid verläßt sie ein Detektivbüro mit ihrem unnachahmlich wiegenden Gang) ihren Partner Groucho zu dem entzückten Ausspruch veranlaßt: «Es ist erstaunlich. Sie ist Mae West, Theda Bara und Bo Peep in einer Person!»[85]

Lytess und Hyde bearbeiteten ihren Zögling beide mit russischer Dramenliteratur, so daß die junge Frau am liebsten die Gruschenka aus den

Mit Groucho Marx in «Love Happy», 1949

«Brüdern Karamasow» spielen wollte, wie sie später gegenüber Journalisten betonte.[86]

Im Frühsommer 1949, als sie nach den Dreharbeiten mit Groucho Marx und vor der Werbetournee viel Zeit hatte, fand sie in ihrem Telefonbüchlein beim Stöbern die Nummer des Fotografen Tom Kelly. Anfang Mai tauchte Marilyn mit einer Mappe von Fotos, die berühmte Fotografen schon von ihr geschossen hatten, in Kellys Studio in Hollywood auf. Er war sehr angetan und brauchte gerade ein Fotomodell für eine Bierwerbung.

Bei der Brauerei kamen die Fotos gut an. Am 25. Mai fragte Kelly bei der jungen Monroe an, ob sie für einen Aktkalender posieren wolle, ein Kunde habe sie auf dem Bierplakat entdeckt. Marilyn sagte zu, bekam 50 Dollar und gab damit alle Nutzungsrechte ab. Im Studio posierte sie nackt auf einem roten Samtstoff, in absoluter Natürlichkeit. Von den Fotos, die in dem später Furore machenden Kalender veröffentlicht wurden, sind heute nur noch zwei erhalten, und diese erscheinen seitdem immer wieder auf Postkarten, Bierseideln oder Schlipsen: «A New Wrinkel» («Eine neue Falte») und «Golden Dreams» («Goldene Träume»). «Golden Dreams» erschien nicht nur im Dezember 1953 als doppelseitige Aktaufnahme in der ersten Ausgabe des Magazins «Playboy»; es wurde schon 1952 nachgedruckt und erregte Aufsehen. Ein entblößter Busen und angewinkelte nackte Beine waren das höchste, was die damalige Schamgrenze selbst bei einer Nacktfoto-Serie zuließ. Als die Aufnahmen jetzt weltberühmt wurden, weil Marilyn inzwischen ein Star war, erfand sie, um einen Skandal vom Studio abzuwenden, die Geschichte von der arbeitslosen, hungrigen Schauspielerin. Das stimmte nicht ganz, denn sie wurde zu dieser Zeit von Johnny Hyde finanziert. *Ich fühle mich nur wohl, wenn ich nackt bin,* erzählte sie später einem Reporter.[87]

Die Brücken zur Vergangenheit hatte der werdende Star mittlerweile weitgehend abgebrochen. Mit Grace Goddard hatte sie immer weniger Kontakt; ihrer Mutter überwies sie zwar nach wie vor etwas Geld, reagierte aber zum Beispiel nicht darauf, als Grace ihr mitteilte, die Mutter habe wieder geheiratet. Diese Ehe währte nur kurz.

Als die zweiundzwanzigjährige Marilyn Monroe im Juni und Juli 1949 auf Werbetournee für den Film «Love Happy» ging, fesselte sie durch ihre freizügigen Sommerkleider Reporter, Fotografen und das Publikum. Sie war die Attraktion der Truppe, und der Produzent des Films, Lester Cowan, hatte darauf gesetzt. Bei anschließenden Publicity-Besuchen in Behindertenheimen verbat sich der Jungstar Fotoaufnahmen allerdings ausdrücklich. Als sie auf ihrer Tournee in New York angelangt war, spürte sie dort der Fotograf André de Dienes im Hotel auf. Er schoß mit ihr neue Fotos am Strand von Long Island. Auf diesen Bildern in einem weißen Badeanzug mit nassen, lockigen Haaren und einem gepunkteten Sonnenschirm erkennt man neben ihrem außerordentlichen Spaß an der Arbeit eine natürliche Grazie, die de Dienes später schwärmen ließ: «Sie hatte die Präsenz und Leichtigkeit eines echten Stars. Sie strahlte.»[88]

Ihr erstes Presseinterview, das sie in New York dem Reporter Earl Wilson gab, wurde für sie ein erschütterndes Erlebnis. Der Journalist nahm sie nicht ernst, lenkte auf ihr Äußeres ab, wenn sie über ihre Ideen und Interessen sprechen wollte. Auf der Basis der Presseunterlagen schrieb er dann etwas über ihre Körpermaße und die erotische Ausstrahlung einer Blondine, «die nicht für sich in Anspruch nehmen kann, ein Schauspielgenie zu sein»[89]. Nach diesem Interview hatte sie ihr Leben lang Angst vor Journalisten.

Anfang August, zurück in Hollywood, vermittelte ihr Johnny Hyde ein erneutes Vorsprechen bei der Fox. Nachdem man dort erkannt hatte, daß

«Golden Dreams». Foto von Tom Kelly, 1949

sie auch singen konnte, engagierte man Marilyn für eine kleine Rolle als Chormädchen in dem unbedeutenden Western-Musical «A Ticket to Tomahawk» («Fahrkarte nach Tomahawk»). Es war ihr erster größerer Auftritt in Technicolor – leider in einem Film, auf den niemand große Hoffnungen setzte.

Dafür aber lernte sie Anfang September 1949 zwei Männer kennen, die sehr wichtig in ihrem Leben werden sollten: den Fotografen Milton Greene und Rupert Allan, einen Journalisten. Greene, der eigentlich Greenholtz hieß, hatte sich just in diesem Jahr 1949 den Ruf eines der talentiertesten Mode- und Porträtfotografen Amerikas erworben. Greene war 27 Jahre alt, geschieden, dunkelhaarig, klein und temperamentvoll. Er arbeitete gerade an einem Foto-Essay über Hollywood-Stars. Nachdem er Marilyn Monroe auf einer Party in Allans Wohnung vorgestellt wurde, entspann sich zwischen den beiden eine heiße Liebesromanze, die zunächst zehn Tage währte. Danach ging man auseinander, weil Hollywood und New York zu weit entfernt lagen: beide waren ehrgeizig entschlossen, Karriere zu machen. Später sollten sie dieses gemeinsam versuchen. Marilyn war «traurig, als Milton nach New York zurückkehrte»[90].

Im Oktober 1949 geschah endlich für ihre Karriere Entscheidendes: Die MGM engagierte Marilyn für den Film «Asphalt Jungle» («Asphalt-Dschungel») unter der Regie von John Huston. Es war der Film, mit dem das Starlet erstmals die Qualitäten einer ernsthaften Schauspielerin bewies – obwohl sie nur in fünfzehn Minuten des insgesamt zweistündigen Streifens zu sehen ist. Später lobte sich der berühmte Regisseur Huston in seiner Autobiographie, er habe Marilyns Talent sofort entdeckt. In Wahrheit wirkte sie auf ihn und den Produzenten Hornblow «schlichtweg entsetzlich. Sie hatte gehört, daß wir eine Frau suchten, die sehr sexy aussehen sollte, und hatte sich entsprechend angezogen, so daß ihre Figur viel zu stark betont war. [...] ein nervöses kleines Mädchen, das fast zu Tode verängstigt war.»[91]

Tatsächlich hatte Huston eine ganz andere Besetzung im Auge gehabt für die Rolle der Angela Phinlay, der jungen Geliebten eines älteren, gaunerhaften Anwalts, die der Autor W. R. Burnett als «üppig gebaut» beschrieb. Er favorisierte Lola Albright, die dem Studio zu teuer war, eine blonde Schauspielerin, die unter anderem in dem Film «Champion» («Zwischen Frauen und Seilen») zusammen mit Kirk Douglas Erfolg gehabt hatte. Marilyns Mentorin Lucille Ryman war es dann, die durch ihren Einsatz beim MGM-Manager Louis B. Mayer hinter dem Rücken des Regisseurs erreichte, daß ihr Schützling die Rolle bekam.

Marilyn selbst hielt Angela Phinlay zeit ihres Lebens für eine ihrer besten Rollen. Der unaufwendige Film noir über die «Looser» der Ge-

Szenenfoto aus «Asphalt Jungle», 1950

sellschaft ist erst später, als man Monroe-Filme gesondert zeigte, richtig beachtet worden. «In zweieinhalb Minuten und in nur drei Takes kreierte Marilyn eine Frau, die zwischen Angst, kindlicher Loyalität, unverschämtem Egoismus und müder Selbstverachtung hin und her schwankt.»[92]

Bei diesem Film war Natasha Lytess auf Wunsch ihrer Schülerin zum erstenmal mit am Set. Nach jedem Take schaute Marilyn auf ihre Lehrerin, um deren zustimmendes Nicken oder ablehnendes Kopfschütteln entgegenzunehmen. Alle Biographen beschreiben die Rolle der Lytess, zumindest am Set, als höchst problematisch für Marilyns Karriere. Die Schauspielerin wähnte sich auf diese Weise sicher, obwohl sie durch die Lehrerin eher gehemmt und noch nervöser wurde.

Bis April 1950 war das Starlet schon bei acht Filmproduktionen dabei gewesen, wobei die meisten unbedeutend waren.[93] Ihre Ratgeber Lytess und Hyde bauten weiterhin auf absolut Gegensätzliches: Hyde auf ihre Spontaneität und Ausstrahlung, Lytess auf Rollenerarbeitung und Körperbeherrschung. In diesen konträren Vorstellungen manifestierte sich früh schon der Konflikt, der für das gesamte Leben der Schauspielerin bestimmend war: «Ihr Wunsch, sich über ihre Herkunft und ihre frühen Erfahrungen zu erheben, Neuland zu betreten, und die Neigung, das Vertraute und Bewährte nicht zu verlassen. Johnny sah, was sie war; und Natasha hob hervor, was aus ihr werden könnte.»[94]

Johnny Hyde, der nicht aufgab, seiner schönen Freundin Heiratsanträge zu machen, verfiel im Jahr 1950 gesundheitlich immer mehr. Trotzdem ließ der herzkranke Mann kein Fest, keine Gesellschaft aus, um sich mit ihr zu zeigen. Doch Marilyn zog im Frühjahr 1950 aus der gemeinsamen Wohnung aus und in ihr bescheidenes Apartment im Beverly Carlton Hotel zurück. Offiziell war es Hydes Gesundheit, die sie schonen wollte, aber in Wirklichkeit war der Produzent Schenck der Grund, mit dem sie wieder Kontakt aufgenommen hatte.

Die Verbindung Schencks zum Regisseur Mankiewicz war sehr nützlich – das sah auch Johnny Hyde ein, denn Mankiewicz bereitete einen Film mit dem Fox-Produzenten Zanuck vor, Titel «All about Eve» («Alles über Eva»). Für Marilyn wurde eine Rolle gefunden, die ihr wie auf den Leib geschrieben schien: eine attraktive Nachwuchsschauspielerin, die alles daran setzt, mit einem mäßigen Talent Karriere zu machen. Als Kontrastfigur zur älteren Bette Davis wirkte die junge Frau auf eine dezent selbstbewußte Art sehr verführerisch in ihrem schulterfreien weißen Abendkleid. Doch ihr Erfolg war zweischneidig: er legte sie weiter fest auf die Rolle einer pikanten Beigabe, was den Produzenten gefiel und deren Besetzungsphantasie immer in dieselbe Richtung führte. Zanuck bot ihr nach diesem Film keinen weiteren Vertrag an. Dafür veröffentlichte das Magazin «Photoplay» im September 1950 eine Geschichte über sie mit dem Titel «How A Star Is Born». Der Journalist Fredda Dudley legte sie nicht auf ihre äußere Anziehungskraft fest, betonte aber, wie scheu und schüchtern das Mädchen sei.

Auch der Regisseur des Films, Joseph Mankiewicz, hatte den Eindruck: «Sie blieb allein. Sie war keine Einzelgängerin. Sie war schlicht und einfach a l l e i n. Irgendwie verstand sie nie, daß wir stillschweigend davon ausgingen, daß sie zu uns gehörte.»[95]

Im Herbst 1950 schrieb sich Marilyn in einen Abendkurs über Weltliteratur in der University of California ein, *weil ich mich weiterbilden wollte und lernen wollte, mit Leuten in Gruppen umzugehen* [96]. Sie trat hier ohne Make-up und in unauffälligen Bluejeans auf. Außerdem zog sie zu Natasha Lytess in deren winzige Zweizimmerwohnung – um Geld zu sparen, aber auch, um auf die Tochter Barbara aufzupassen und abends mit der Lehrerin Szenen einzustudieren. Die Lytess arbeitete weiterhin streng an Marilyns Ausdrucksmöglichkeiten. Zur Vorbereitung auf ihre nächste Filmrolle entwickelten die beiden eine komplexe Zeichensprache. «Ich gab ihr ein Zeichen, wenn sie sich zu früh um-

Marilyn Monroe und Johnny Hyde

drehte oder wenn eine Darstellung ‹leer› gewesen war, weil sie nicht durch entsprechende Gedanken über sich und die Rolle motiviert war.»[97]

Von Johnny Hyde zog sich Marilyn immer mehr zurück und besuchte statt dessen regelmäßig Joe Schenck in seiner Luxusvilla. Hyde war derweil trotz seiner Herzkrankheit, die ihn jetzt oft ans Bett fesselte, weiter mit der beruflichen Vermittlung seines Stars und Lieblings beschäftigt. Er erreichte, daß sie am 5. Dezember einen Vertrag mit der William Morris Agency bekam, die sie über seinen Tod hinaus betreuen sollte.

Durch Hydes Vermittlung bekam Marilyn auch ihre zehnte Filmrolle angeboten, die sie im Dezember annahm: in der Komödie «As Young as You Feel» («So jung wie man sich fühlt»).

Johnny Hyde starb am Abend des 18. Dezember 1950 an einem schweren Herzanfall. Marilyn kam zu spät ins Krankenhaus, um ihn noch lebend zu sehen. Über seinen Tod kam sie sehr schwer hinweg. Eine Stunde nach seiner Beerdigung, nachdem alle Trauergäste gegangen waren, ging sie stumm an sein Grab und verharrte dort lange allein. «Ich sah etwas an ihr, das ich vor diesem Nachmittag nie gesehen hatte, Reue, vielleicht Bußbereitschaft, ein entsetzliches Gefühl von Verlust – wie immer man es nennen mag»[98], so Natasha Lytess.

Johnny Hyde hatte vor seinem Tod noch ein Weihnachtsgeschenk für Marilyn vorbereitet, von dem sie nichts wußte: das Magazin «Life» brachte in seiner Neujahrsausgabe 1951 einen Artikel über vielversprechende Jungstars und zeigte die Monroe in einem schwarzen Kleid mit langen schwarzen Handschuhen und tiefem Dekolleté. Den Begleittext hatte der Agent und Bewunderer selbst verfaßt. «Männer kommen aus allen Richtungen gelaufen, sobald sie nur dasteht und atmet. Nach kleinen, aber beachtlichen Rollen in ‹Asphalt Jungle› und ‹All About Eve› ist ihr Studio davon überzeugt, daß sie auch eine erstklassige dramatische Schauspielerin sein wird.»[99]

*Glauben Sie, daß ich je ein Bild von mir in einer dieser Zeitschriften unterbringen werde?* soll Marilyn den Filmjournalisten Sidney Skolsky eines Tages kokett gefragt haben.[100] «Von da an waren wir Freunde. Marilyn wollte immer Rat haben, [obwohl] sie klüger war, als sie vorgab. […] Sie wirkte freundlich und weich und hilflos. Praktisch jeder wollte ihr helfen. Marilyns angebliche Hilflosigkeit war ihre größte Stärke.»[101] Skolsky hatte sein Büro nahe beim legendären Schwab's Drugstore am Sunset Boulevard, wo viele Künstler sich ihren Tablettenvorrat holten. Auch der Journalist brauchte Medikamente zum Aufputschen und Beruhigen, wie viele Kreative der Zeit. Marilyn wurde schon bald davon «angesteckt». Ihre Beziehung zu Skolsky soll im übrigen immer eine platonische geblieben sein. Der Fünfundvierzigjährige hatte Frau und Kinder, die von seiner Freundschaft mit Marilyn wußten. Skolskys Kolumnen aus Hollywood waren wesentlich gehaltvoller und witziger als die anderer Klatschkolumnisten. Jedermann wollte ihn gern zum Freund – sogar Marlene Dietrich, die ihn zeitweise durch die Stadt chauffierte, weil er nicht gern selbst fuhr. Denn bei Skolsky konnte man immer exquisite Neuigkeiten über die Branche erfahren oder selbst lancieren.

Am 5. Januar 1951 lief der Mietvertrag für die Wohnung der Lytess aus, in der auch Marilyn gewohnt hatte. Die Schauspielerin zog wieder in ihr Hotelapartment im Beverly Carlton, schenkte Natasha Lytess aber eintausend Dollar, den fehlenden Rest für einen Kredit, um ein Häuschen zu kaufen. Dafür hatte sie ihre Nerzstola, ein Geschenk von Hyde, das einzig Wertvolle, was sie besaß, verkauft. Ansonsten begann mit dem Januar 1951 ein wichtiges Jahr für beide, denn es kam endlich Bewegung in Marilyns Karriere. Zunächst erschien ihr Name zum erstenmal im

Elia Kazan

Vorspann eines Films, gut plaziert: In «As Young as You Feel» spielte sie eine Sekretärin, die den Männern den Kopf verdreht. Doch von diesem Fox-Produkt, das sie weiter auf das Klischee des dummen Blondchens festlegte, war Marilyn sehr enttäuscht.

Das Erfreulichste für sie bei dieser Produktion war, daß eines Tages nur ihretwegen der bekannte Theater- und Filmregisseur Elia Kazan ins Studio kam: er wollte sie kennenlernen. Der begabte Zweiundvierzigjährige war zwar verheiratet, aber: «Während der gesamten Produktionszeit spielte sich zwischen Marilyn und Kazan eine große Romanze ab»[102], erzählte der Standfotograf Sam Shaw. «Jeder kannte ihre Unsicherheit, aber nicht jeder wußte, wie frohlich sie sein konnte.» Diese ein Jahr lang dauernde Affäre war «die erste unkomplizierte und befriedigende Liebesaffäre ihres Lebens. [...] für beide Seiten war klar, daß es auch nie mehr [...] sein würde».[103] Denn, so Kazan später: «Marilyn war ganz einfach keine Ehefrau... Dafür aber eine aufregende Freundin.»[104]

Im März wurde das Desinteresse ihrer Agentur, mit der Johnny Hyde für sie gearbeitet hatte, offensichtlich, so daß Marilyn zur Famous Artist Agency wechselte, die sich nun um ihre Karriere kümmerte und einen Vertrag mit der Twentieth Century Fox arrangierte, den man als den zeitüblichen Knebelvertrag bezeichnen kann. Die Filmgesellschaft hatte

47

das Recht, zum Ende jeden Jahres zu kündigen, der Star aber verpflichtete sich, sieben Jahre lang ausschließlich für die Fox zu arbeiten oder sich von der Produktionsgesellschaft an andere Studios ausleihen zu lassen. Marilyns Gage sollte im ersten Jahr 500 Dollar pro Woche betragen und langsam anwachsen; im siebten Jahr sollte sie 3500 Dollar wöchentlich betragen – egal welche Kassenschlager mit dem Star produziert werden würden. Als einziges Privileg konnte sich Marilyn das Engagement von Natasha Lytess sichern, die eine höhere Gage als sie selbst bekam, was der Schauspielerin aber nichts ausmachte: *Geld interessiert mich nicht, ich möchte nur wunderbar sein*[105], erklärte Marilyn Monroe.

Im selben Jahr 1951, als sie mit Elia Kazan liiert war, lernte sie durch ihn auch den Dramatiker Arthur Miller kennen, der damals 35 Jahre alt und durch seine beiden Stücke «All My Sons» und «Death of a Salesman» berühmt geworden war. Er war zehn Jahre älter als sie und imponierte dem Jungstar durch eine kompromißlose Haltung den Columbia-Studios gegenüber, die von ihm Veränderungen an seinem Drehbuch «The Hook» haben wollten. Miller zog das Drehbuch zurück, weil die Korrekturen seine politischen Überzeugungen betroffen hätten. Während noch Kazan und Marilyn ihre Liebesbeziehung auskosteten, verliebten sich auf ihren Streifzügen zu dritt Marilyn und Arthur Miller ernsthaft ineinander. Aber dies blieb unausgesprochen. Miller war noch verheiratet, hatte Kinder und wollte sich nicht in ein Abenteuer stürzen, obwohl er stark berührt war, genau wie Marilyn, die von nun an immer eine Fotografie von ihm an der Wand hatte. Er spürte, daß er «etwas Geheimes [mit ihr] ausgetauscht hatte»[106]. Und Natasha Lytess kommentierte: «Sie verliebte sich in ihn, und er verliebte sich in sie, das kann man wohl so sagen. In diesem Jahr gingen sie noch nicht miteinander ins Bett. Aber sie erzählte mir aufgeregt, daß dies der Typ Mann war, den sie ewig lieben könnte.»[107]

Im Sommer 1951 ging die Liaison mit Elia Kazan zu Ende – doch ohne daß Marilyn Arthur Miller wiedersah. Dies geschah erst Jahre später. Im Frühjahr 1951 spielte sie wieder in einem Film eine aufreizende Blondine. Obwohl der Streifen «Love Nest» eine höchst banale Handlung und sie nur eine winzige Rolle hatte, reagierten Presse und Schauspielkollegen einhellig positiv auf Marilyn. Sidney Skolsky schilderte in seiner Kolumne vom 2. Mai 1951, daß das volle Studio so leise war bei ihrem Auftritt, «daß man die Spannung knistern hörte»[108]. Auch das Publikum (zwei- bis dreitausend Fan-Briefe trafen wöchentlich für Marilyn ein) und die Aktionäre waren von dem weiblichen Star so beeindruckt, daß der Chef der Fox, Darryl F. Zanuck, nicht mehr umhin konnte, Kenntnis davon zu nehmen. Allerdings hieß das auch, daß sie von nun an noch mehr auf die Rolle, in der sie Erfolg hatte, festgeschrieben werden sollte. «Sie präsentierte sich der Welt in einer neu empfundenen Naivität, als eine anziehende Frau mit der Freimütigkeit eines unschuldigen Kindes, die völlig selbstverständlich ihren eigenen Körper genießt.»[109] Diese Haltung entsprach Anfang der fünfziger Jahre nicht gerade dem üblichen Frauenbild im puritanischen Amerika.

Im selben Jahr 1951 lernte Marilyn Monroe den Schauspiellehrer Michael Chekhov kennen, einen Neffen des russischen Dramatikers Anton Tschechow. Er war Kollege von Konstantin Stanislawski am Moskauer Künstlertheater gewesen und unterrichtete nun mit sechzig Jahren in Kalifornien. Er lehrte auf geduldige Art, andere Charaktere und deren Psychologie intuitiv und durch Körperarbeit zu erfassen, ohne sie der eigenen, begrenzten Erfahrung zu unterwerfen. Chekhov ließ Marilyn dabei viel mehr Zeit als Natasha Lytess, machte Körperübungen und forderte nicht alles auf einmal von ihr. Er war der freundlichste Lehrer in ihrem Leben. «Ihr rationaler Geist läßt Sie kalt und passiv reagieren. Aber wenn Sie einen imaginären Körper entwickeln, suchen Ihr Wille und Ihre Gefühle diese andere Rolle geradezu», schrieb Chekhov in seinem Lehrbuch.[110] Dennoch erzeugte die Arbeit mit Chekhov kein freieres Umgehen Marilyns mit ihrer Schauspielarbeit, sondern eher eine noch größere Angst, sich unvorteilhaft zu zeigen. Ihr Perfektionismus wurde durch zwei Lehrer und deren gegensätzliche Methoden, denen sie sich aussetzte, immer mehr zur Manie und Hemmung. Ihre Angst, nicht gut genug für ihre Lehrer und Regisseure zu sein, wurde immer stärker – egal wie erfolgreich sie war. Oft mußte sie sich nach dem Frühstück übergeben, wenn ein Studiotermin bevorstand. Auch ihre legendären Verspätungen am Set und bei Journalisten-Verabredungen nahmen damals ihren Anfang.

Die Presseabteilung der Fox war sehr rührig. Es kam zu einer wahren Kettenreaktion von Presseberichten über die trostlose Kindheit ohne Mutter und den Waisenhausaufenthalt des Stars. Robert Cahn schrieb in «Collier's» am 8. September 1951: «Bei Shirley Temple kam zwanzigmal im Jahr das Gerücht auf, sie sei gekidnappt worden. Betty Grable würde angeblich zwanzigmal im Jahr vergewaltigt. Bei der Monroe heißt es zwanzigmal im Jahr, sie sei gekidnappt und vergewaltigt worden.» Aber es gab auch Erfolgsberichte: Ihr späterer Freund Rupert Allan beschrieb im Magazin «Look» zwar ihre Nervosität, Unsicherheit und Unpünktlichkeit, doch zugleich ihren außergewöhnlichen Liebreiz. Dann verglich Skolsky sie in seiner Kolumne mit Lana Turner. Schon im November des Jahres wurde sie in der Zeitschrift «Quick» als «Die neue Jean Harlow» bezeichnet. Die Dezember-Ausgabe von «Focus» verglich sie ebenfalls mit ihrem großen Vorbild und stufte sie gleichrangig mit Turner, Grable und Hayworth ein, d e n weiblichen Stars der Zeit.

Im Sommer dieses Jahres 1951 wurde die Schauspielerin, wie es da-

Szene aus «Clash by Night», 1952: Marilyn mit Keith Andes

mals bei Vertragsdarstellern durchaus üblich war, an ein anderes Studio
ausgeliehen, und zwar ans RKO für einen neuen Film mit dem Titel «Clash
by Night» («Vor dem neuen Tag»). Regie führte der deutsche Emigrant
Fritz Lang, der mit dem jungen Star überhaupt nicht umgehen konnte. In
diesem Film, der im Fischermilieu spielte, übernahm Marilyn die Rolle ei-

ner jungen Sardinenpackerin. «Die Produktion war jedoch eine Tortur für sie und ihre Kollegen. Marilyn war so nervös […], daß sie sich fast vor jeder Szene übergab und anschließend rote Flecken auf ihren Händen und im Gesicht bekam.»[111] Ihre Kollegin Barbara Stanwyck erinnerte sich später: «Sie hatte überhaupt keine Disziplin und war dauernd unpünktlich. Aber sie strahlte einen Zauber aus, der uns alle sofort ergriff.»[112]

Vor Ende des Jahres 1951 war sie wieder zurück bei der Twentieth Century Fox. Kinobesitzer hatten die Rohfassung von Fritz Langs Film gesehen und waren begeistert, so daß man endlich bei der Fox begriff, wie fahrlässig es war, diesen Star nicht auch im eigenen Studio zu lancieren. So bekam Marilyn Monroe Ende 1951 ihre erste große Rolle in einem ernsthaften Spielfilm, Titel: «Don't Bother to Knock» («Versuchung auf 809»). Er brachte den Beweis für ihre professionelle Schauspielkunst. Als er 1952 in die Kinos kam, pries die Fachzeitschrift «Motion Picture Herald» die Schauspielerin als «den Typ von neuem Star, den sich Kinobesitzer immer wünschen». Und der «Daily Mirror» lobte, sie habe «ihre Rolle fest im Griff»[113]. Sie spielte eine junge, scheue Frau, die glaubt, ihren gestorbenen Verlobten im Hotelnachbarn wiederzuerkennen, mit einer solchen Intensität, daß niemand ahnen konnte, wie sehr sie unter dem Regisseur litt. Denn der Engländer Roy Baker brüllte unverständliche Befehle, anstatt mit den Schauspielern zu arbeiten.

Im Frühjahr 1952 sah es so aus, als habe Marilyn den Durchbruch geschafft – nicht nur beim Publikum, sondern auch bei den Produzenten. Doch dies bedeutete nicht, daß sie sich sicherer fühlte. Der Regisseur Howard Hawks war sich mit Allan Snyder schon damals einig: «Sie hatte überhaupt kein Zutrauen zu ihren Fähigkeiten. Je wichtiger sie wurde, desto mehr Angst hatte sie.»[114] Jetzt begann die Angst vor der eigenen Courage und der Kampf um Rollen, die sie nicht nur als blondes Sexsymbol präsentierten. Gleichzeitig wollte sie privat nicht länger allein sein, sie wollte jemanden an ihrer Seite wissen, der ihren Kampf unterstützte und sie bejahte, so wie sie war. Sie wollte einen Mann haben, der auch ihren Stolz respektierte, es allein geschafft zu haben.

Marilyn Monroe war zu dieser Zeit ziemlich einsam. Sie wechselte mehrfach ihre Adresse, lebte in Apartments oder im Hotel. Ihre Mutter hatte sie schon fünf Jahre nicht mehr gesehen, nicht mit ihr telefoniert, keine Briefe gewechselt. Mit Beginn des Jahres 1952 vereinbarte sie mit einer Frau namens Inez Melson, daß diese als ihre Managerin und als offizielle Betreuerin von Gladys Baker Monroe fungieren sollte. Inez Melson besuchte die Mutter nun mehrmals im Monat im Krankenhaus und brachte ihr Geld von der Tochter. Marilyn unterstützte ihre Mutter nur noch heimlich, denn das Studio wollte gegenüber der Öffentlichkeit die Legende beibehalten, sie sei eine Vollwaise.

Mit Cary Grant in «Monkey Business», 1952

Zwei weitere Filme, die ihr von Zanuck oktroyiert und im Frühjahr 1952 gedreht wurden, fielen hinter den Erfolg von «Don't Bother to Knock» sichtlich zurück. Es waren die anspruchslosen Komödien «Monkey Business» («Liebling, ich werde jünger») mit Cary Grant und «We're Not Married» («Wir sind gar nicht verheiratet»). Über «We're

Not Married» sagte der Drehbuchautor Nunally Johnson, er habe ihre Rolle nur hineingeschrieben, weil er Marilyn zweimal im Badeanzug zeigen wollte.[115]

Während der Dreharbeiten zu «Monkey Business» und der parallelen Vorproduktion zu «We're Not Married» wurde die Darstellerin mit Blinddarmschmerzen ins Hospital eingeliefert. Sie setzte dort durch, daß sie nicht operiert, sondern nur mit Antibiotika behandelt wurde, um schnell wieder am Set zu sein. Bei ihrer späteren Blinddarmoperation bat sie dann den operierenden Arzt in einem Brief, die Narbe so klein wie möglich zu gestalten.

# Love and Career

## 1. Der Mann an ihrer Seite

An einem Tag im Winter 1951/52 saß Marilyn Monroe mit einem berühmten Baseballspieler in einem italienischen Restaurant am Sunset Boulevard. Marilyn hatte den zwölf Jahre älteren Mann vor diesem ersten Rendezvouz zwei Stunden warten lassen. Er war fasziniert gewesen von einem Pressefoto: Marilyn in Baseballkluft, mit Schläger und kurzem Röckchen und in der Pose, als wolle sie gerade einen Ball annehmen. Als sie sich nun gegenübersaßen, stellten sie schnell fest, daß die Schauspielerin keine Ahnung von diesem Sport hatte und der Baseball-Champion sich nicht für Hollywood interessierte. Dennoch war dies der Beginn einer großen Leidenschaft. Der Mann hieß Joe DiMaggio.

*Es überraschte mich, daß ich mich so heftig in Joe verliebte. Ich erwartete einen schillernden Sportshelden, und statt dessen traf ich diesen reservierten Burschen, der nicht sofort versuchte, sich an mich heranzumachen,* bekannte Marilyn. *Fast zwei Wochen lang aß ich mit ihm jeden Tag zu Abend. Er behandelte mich als etwas Besonderes.*[116]

Joe DiMaggio hatte den Aufstieg vom Sohn eines eingewanderten Fischers zum größten Baseball-Star seiner Zeit geschafft. Als achtes von neun Kindern sizilianischer Einwanderer war er 1914 in einer kleinen nordkalifornischen Stadt zur Welt gekommen. Seine Karriere war auf Zähigkeit zurückzuführen; als Junge hatte er, bis er acht war, Beinprothesen tragen müssen. Mit vierzehn begann seine Laufbahn; noch vor seinem achtzehnten Geburtstag konnte er vom Baseball leben. 1936, als Amerika in der wirtschaftlichen Depression steckte, war er mit zweiundzwanzig Jahren ein Nationalheld. Attraktiv, hochgewachsen und von einer fast aristokratischen Lässigkeit und Zurückhaltung, verkörperte er das amerikanische Männerideal jener Zeit.

Als er Marilyn kennenlernte, war seine Karriere allerdings gerade vorbei. Doch er hatte so gut verdient und sein Geld entsprechend angelegt,

Joe DiMaggio mit dem Baseball-Manager Casey Stengel, 1949

daß der Siebenunddreißigjährige noch immer eine hochbegehrte Partie in der Damenwelt war. Seit seiner Scheidung von einem blonden Revue-Girl lebte er in seinem Elternhaus in San Fransisco, wo seine unverheiratete Schwester für ihn kochte. Er galt als einsame, melancholische Gestalt, die sich gern in Männergesellschaften aufhielt.

Marilyn war eine begehrte Frau am Beginn einer vielversprechenden Karriere. Als sich die beiden ineinander verliebten, wurden sie für Presse und Nation zum Traumpaar Amerikas. Zwei Jahre lang warb Joe Di-Maggio um Marilyn, die er zur schillerndsten Hausfrau der Welt machen wollte. «Es ist eine gute Kombination wie bei einem erfolgreichen Doppelspiel»[117] – mit diesen Worten beschrieb der Sportler seine Hoffnungen. Marilyn «fand in Joe einen starken, stummen Gefährten, einen Mann, der bereit war, sie mit nimmermüder Inbrunst zu lieben»[118]. Allerdings war Joe DiMaggio ein äußerst eifersüchtiger und puritanischer Mann. So sehr ihn Marilyn Monroe als Privatperson anzog, so sehr haßte er ihre öffentlichen exhibitionistischen Auftritte.

Am 1. März 1952 bekam DiMaggios Eifersucht besondere Nahrung: die Fox erhielt die Nachricht, ihr Star Monroe sei mit einem Nacktfoto in der Öffentlichkeit zu sehen. DiMaggio meldete sich daraufhin ein paar

Joseph McCarthy

Wochen kaum noch bei ihr. Aber es war auch für ihr Film-Studio ein Schock. «Golden Dreams», schon 1949 ein Erfolgsfoto auf dem Aktkalender, war aufgrund der großen Nachfrage erneut veröffentlicht worden. Das Studio zitterte vor der seit 1934 eingeführten Zensur. Die antikommunistische Hysterie, die unter dem Senator McCarthy 1952 ihren Höhepunkt erreichte, hatte es nicht nur auf politisch, sondern auch auf moralisch verdächtige Personen und Produkte abgesehen. Die Macht solcher Verbände wie der «Legion of Decency» war sehr groß geworden, und Hollywood beugte sich ihr, wie es sich nicht gegen die Verfolgungen durch puritanische Fanatiker wehrte, ihnen sogar im Gehorsam häufig vorauseilte.

So wurde Marilyn in die Zentrale der Fox zitiert, um zu erklären, was es mit den Fotos auf sich habe. Ohne zu zögern bekannte sie sich zu den Aktaufnahmen. Dann löste sie das Problem für die Fox mit einer Flucht nach vorn, wobei sie die Presse benutzte, anstatt zu deren Opfer zu werden. Im «Herald Examiner» (Los Angeles) stand am 13. März 1952 ihre Version der Geschichte unter dem Titel «Marilyn Monroe gesteht: Ich bin die nackte Kalenderschönheit». Sie hatte der Journalistin, mit der ohnehin ein Interviewtermin vereinbart war, am Ende eines langen Gesprächs ein *Problem* gestanden, von dem sie nicht wisse, wie sie damit umgehen solle. *Vor ein paar Jahren, als ich kein Geld hatte, um mir etwas zu essen zu kaufen und die Miete zu bezahlen, bat mich ein Fotograf, den ich kannte, nackt für einen Kunstkalender Modell zu stehen. Seine Frau war dabei, sie waren beide sehr nett, und ich verdiente fünfzig Dollar, die ich wirklich dringend brauchte. Das war doch wirklich nicht so schlimm, oder? Ich hätte nie gedacht, daß irgend jemand mich erkennen würde, und jetzt heißt es, daß dies meine Karriere ruinieren wird. Ich brauche Ihren Rat. Man will, daß ich behaupte, nicht das Mädchen auf dem Foto zu sein, aber kann doch nicht lügen. Was soll ich tun?* [119]

So nahm Marilyn die Sache, scheinbar unschuldig, selbst in die Hand und hatte damit Erfolg. Sie wandte nicht nur die «Schande» vom Studio ab, sie war zum Tagesgespräch, «zur größten Neuigkeit des Tages» avanciert [120], wie es ein Reporter formulierte. Jetzt wurde sie von der gesamten Presse als «Nachfolgerin der Harlow» gehandelt. Schon am 7. April 1952 erschien sie auf dem Titelbild von «Life», fotografiert von Philippe Halsmann im schulterfreien weißen Kleid – in einer Pose, als «erbebe sie unschuldig-überrascht von den Phantasien, die sie auslösen könnte» [121].

Von nun an wurde systematisch am Mythos Marilyn gearbeitet: jede Interviewaussage, jede Geschichte, die der Star über sich verbreiten ließ, wurde von ihr und der Presseabteilung ihres Studios sorgfältig konzipiert. Bei der herrschenden Doppelmoral der Medien in Amerika wollte sie es selbst in der Hand behalten, was über sie verbreitet wurde. Ihr Leben lang mußten ihr sämtliche Fotoabzüge vor der Veröffentlichung vorgelegt werden. Daß die von ihr erfundenen oder übertriebenen Episoden über eine Kindheit mit Hungerjahren, Vergewaltigungen, Züchtigungen und zahlreichen Pflegemüttern [122] beibehalten werden mußten, bereitete dem Star zunächst keine Probleme. Sie sah sich selbst ja tatsächlich als ein Opfer, das es als Aschenputtel geschafft hatte, durch eigene Anstrengung zur Prinzessin zu werden.

Zur Marilyn-Monroe-Legende gehörte auch die Geschichte einer angeblich im Wahnsinn gestorbenen Mutter. Diese Mutter schrieb nun im April 1952 einen Brief an ihre Tochter, der Marilyn Monroe so tief traf, daß sie ihn bis an ihr Lebensende aufbewahrte:

«Liebe Marilyn,
bitte, mein liebes Kind, schreib mir doch einen Brief. Hier ist es im Augenblick sehr traurig, und ich würde am liebsten so bald wie möglich von hier wegziehen. Ich wünsche mir so sehr die Liebe meines Kindes anstatt seinen Haß.
In Liebe, Mutter.» [123]

Gleichzeitig brachten die Zeitungen Meldungen, daß Marilyns Mutter sehr wohl lebe und gerade aus dem staatlichen Krankenhaus in Agnew

Sidney Skolsky

entlassen worden sei. Nach dieser Aufdeckung mußte die Fox erneut überlegen, wie der Star gegenüber der Presse und den Fans auftreten sollte. Marilyn schickte ihrer Mutter über Inez Melson zwar weiterhin Geld, wollte aber nichts mit ihr zu tun haben: *Ich möchte nichts anderes, als das ganze Unglück und das ganze Leid vergessen, das sie in ihrem Leben ertragen mußte und das auch mich betraf. Ich kann es nicht vergessen, aber ich möchte es gern. Wenn ich Marilyn Monroe bin und nicht an Norma Jeane denke, dann funktioniert es manchmal.*[124]

Wieder schlug Marilyn ihrem Studio ein Interview als Lösung des Problems vor. Sidney Skolsky hatte eine Erklärung verfaßt, und der Star diktierte sie dem Journalisten Erskine Johnson in einem Exklusivinterview: *Während meiner Kindheit und ohne mein Wissen verbrachte meine Mutter viele Jahre in einer staatlichen Krankenanstalt. Ich wuchs in einer Reihe von Pflegeheimen auf [...] und verbrachte mehr als ein Jahr im Los Angeles Orphans Home. Ich habe meine Mutter niemals richtig kennengelernt, doch seit ich erwachsen bin und in der Lage, sie zu unterstützen, habe ich Verbindung mit ihr aufgenommen. Im Augenblick helfe ich ihr, so gut es geht, und stehe ihr zur Verfügung, wenn sie mich braucht.*[125] Und der Journalist Johnson fügte hinzu: «Marilyns Vater kam bei einem Autounfall ums Leben, und ihre Mutter erlitt daraufhin einen Nervenzusammenbruch.»[126]

So hatte Marilyn Monroe die Situation nicht nur gerettet, sondern sogar günstig für ihr Image gestaltet. In dieser Zeit, in der Marilyn wiederholt mit ihrer Vergangenheit konfrontiert wurde, begann der Kolumnist Sidney Skolsky verstärkt, sie zu beraten. Auch entstand erstmals die Idee, eine eigene Autobiographie mit Hilfe eines professionellen Autors zu konstruieren. Doch zunächst hielt die Fox eine neue kleine Rolle für die Schauspielerin bereit. In dem Film «O. Henry's Full House» («Vier Perlen») sah man sie später zwar nur eine Minute lang, doch sie wurde als Star groß angekündigt. In diesem Episodenfilm mit Charles Laughton soll es zu einer anrührenden Szene gekommen sein, in der sie echte Tränen vergoß, als der Landstreicher Laughton sie als «Lady» bezeichnet.

Nachdem die Fox ihren Vertrag ohne Gagenerhöhung verlängert hatte, reiste Marilyn im Juni 1952 zu neuen Dreharbeiten ab. Sie war immer noch der am schlechtesten bezahlte Hollywood-Star dieser Jahre.

«Niagara», ein an den Niagarafällen spielendes Melodram, in dem sie eine selbstsüchtige, gerissene, sinnliche Blondine darstellt, half ihren Star-Ruhm entscheidend aufzubauen. Der Film zeigt neben ihrem jetzt schon berühmten Hüftschwung die widersprüchlichen Facetten eines Gesichts, das nichts mehr mit dem naiven Typus Blondine gemein hat. Der Regisseur Henry Hathaway, der ihr Gesangstalent entdeckte, fand «es wundervoll, mit ihr zu arbeiten. Sie war leicht zu lenken und schrecklich ehrgeizig, es noch besser zu machen»[127]. Den damals eher abgegriffenen Song «Kiss me» von Lionel Newman und Haven Gillespie interpretierte die Filmschauspielerin völlig neu, mit einem Vibrato in der Stimme, das an ihr großes Vorbild Ella Fitzgerald erinnerte.

Der Erfolg, den Marilyn trotz ihrer Ängste und Selbstzweifel hatte, behagte einem überhaupt nicht: Joe DiMaggio. Der ehemalige Baseball-Star war unsicher, nervös und unbeholfen, wenn er für das Fernsehen jetzt Baseball-Profis nach wichtigen Spielen interviewen sollte. Und wenn Marilyn in seinem Fernsehstudio auftauchte, hatten dort alle nur noch Augen für sie. Es nützte auch nichts, wenn sie ihm helfen wollte, seine Nervosität mit Atemübungen zu überwinden – Joe DiMaggio war eifersüchtig auf sie. Noch vor Ende des Sommers 1952 bedrängte er seine Geliebte, ihren Beruf aufzugeben und endlich Hausfrau an seiner Seite zu werden. Die Frau, die später dazu sagte, *Herr Gott, ich war noch nicht mal dreißig*[128], bat sich Bedenkzeit aus. Dennoch äußerte sie gleichzeitig gegenüber Reportern, nachdem sie die Eltern DiMaggio besucht hatte: *Ich denke, ich bin erst ein ganzer Mensch, wenn ich eine Familie habe.*[129]

Der Star, der eher scheu auf Parties und Premieren auftrat, war es gegenüber Reportern nicht immer. Oft sehr leicht bekleidet bei Interviews, soll sie offenherzig bekannt haben, daß sie selten Unterwäsche trage. *Ich fühle mich gern unbehindert und frei,* erklärte sie dem Kolumnisten Earl

Wilson. *Ich trage keine Höschen, Schlüpfer, Strumpfhalter oder Büsten-halter unter meiner Kleidung.*[130] Ein Hang zum Exhibitionismus zeigte sich auch darin, daß sie manchmal in New Yorker Kaufhäusern als No-body verkleidet erschien und im Laufe ihres Einkaufsbummels sich in Garderoben zu Marilyn Monroe verwandelte. Oder sie schockierte Ver-käuferinnen damit, daß sie unter Jeans und Pullovern nackt war, wenn sie Kleidung anprobierte.[131]

Während Marilyns Filmarbeiten an den Niagarafällen wurde sie von einem fünfundzwanzigjährigen Fan besucht, der sie bat, sich mit ihm für einen Schnappschuß fotografieren zu lassen. Es war ein gewisser Robert F. Slatzer aus Ohio. Marilyn erfüllte dem Unbekannten seinen Wunsch. Weitere Begegnungen gab es nicht. Das hinderte den Mann aber nicht daran, später, nach Marilyns Tod, der Presse gegenüber von einer Kurz-ehe hinter DiMaggios Rücken zu erzählen. Sie sei in Mexiko geschlossen und kurz darauf wieder geschieden worden, da Marilyn Gewissensbisse gegenüber Joe bekommen habe.[132]

«Gentlemen Prefer Blondes» («Blondinen bevorzugt») hieß der näch-ste Film, der sechste, den die Monroe in diesem erfolgreichen Jahr 1952 drehte. Nach wie vor bekam sie nur die abgemachte Gage von 1250 Dollar pro Woche, obwohl s i e der Star des Ganzen war: Lorelei Lee, eine üppige, scheinbar naive Blondine, die auf einem Schiff dabei ist, sich zielstrebig an Millionäre heranzumachen. «Ich dachte, Sie seien dumm!» sagt ein älterer Herr zu ihr. *Ich kann schlau sein, wenn es darauf an-kommt, aber die meisten Männer mögen das nicht.* Mit dieser von Mari-lyn erfundenen Dialogpassage, ihrem Lied «Diamonds Are a Girls Best Friends» und ihrer übertriebenen Interpretation der Blondine ironisierte sie auf ihre Weise das Frauenbild und die Konsumorientierung der fünf-ziger Jahre.

Jane Russell, die als brünette Lorelei-Freundin Dorothy Shaw mit-wirkte, verstand sich sehr gut mit ihrer Kollegin, obwohl die Presse auf Eifersüchteleien spekuliert hatte – besonders da die Russell 150 000 Dollar, das Zehnfache von Marilyns Gage, für den Film bekam. Auch Jane Russell hatte schnell erkannt, daß ihre Filmpartnerin «weit intelli-genter war, als die Leute ihr allgemein zubilligten»[133]. Marilyn machte bei diesen Dreharbeiten wieder die Höllenqualen ihres Perfektionismus durch, zumal sie keine Ahnung von Tanztechnik hatte. Ihre Tanzszenen waren «nichts als harte, schweißtreibende Plackerei»[134], erinnerte sich später Jane Russell.

Die Qualen, von denen man nichts mehr im fertigen Film bemerken kann, wurden verstärkt durch das Regiment von Natasha Lytess am Set. Die Lehrerin trat dermaßen kommandierend auf, daß der Regisseur Howard Hawks sie aus dem Studio warf. Doch nach einer Woche mußte

Marilyn Monroe und Jane Russell in «Gentlemen Prefer Blondes», 1953

er die Lytess weiter erdulden, denn Marilyn war ihretwegen in den Streik getreten. Mit Natasha Lytess gab es von nun an immer große Probleme am Set. Fast kein Regisseur wollte mit ihr arbeiten; sie mußte aber noch für einige Filme in Kauf genommen werden, da Marilyn regelrecht abhängig von ihr war.

Der Star stand unter Hochspannung in dieser Zeit: DiMaggios Besuche am Drehort wirkten ebensowenig beruhigend wie die Konflikte um ihre Lehrerin; die Festlegung auf komische Rollen in diesem Jahr befriedigte die Schauspielerin nicht mehr: *Ich bin wirklich sehr daran interessiert, etwas anderes zu versuchen*, erklärte sie einem Reporter bei den

Szene aus «How to Marry a Millionaire», 1953: Marilyn mit Cameron Mitchell,
Betty Grable und (ganz rechts) Lauren Bacall

Dreharbeiten. *Den letzten Rest verführerischen Verhaltens aus sich her-
auszupressen ist verdammt schwer. [...] Ich möchte nicht als Komikerin
enden.*[135]

Zu Beginn des Jahres 1953 schloß Marilyn mit ihrem zukünftigen Ehemann einen privaten Pakt: Er wollte höflicher zu Natasha Lytess sein, die
er haßte – und sie wollte auf allzu offenherzige Kleidung in der Öffentlichkeit verzichten, um seine Eifersucht nicht weiter anzuheizen. Das
Versprechen einzulösen gelang ihr nicht ganz. Zu einer Feier im Beverly
Hills Hotel, auf der das Magazin «Photoplay» Marilyn als den erfolg-
reichsten Nachwuchs-Star Hollywoods ehrte, mußte Sidney Skolsky den
Star begleiten, weil Joe sich weigerte, mit ihr in dem hautengen Gold-
lamee-Kleid zu erscheinen, das sie in «Gentlemen Prefer Blondes» getragen hatte. Auch ihr Kostümdesigner William Travilla hatte verzwei-
felt versucht, sie davon abzubringen: «Du bist im Augenblick zu fett
dafür, Marilyn! Es ist zu eng – die Leute lachen dich aus!»[136] Aber der ge-
feierte «Photoplay»-Star bestand darauf. «Sie mußte praktisch von Hand
darin eingenäht werden.»[137]

Ihr Auftritt war dann sehr umstritten. Die berühmte Joan Crawford
fand ihn geschmacklos und äußerte sich dazu in einer eigens inszenierten
Pressekonferenz. Betty Grable dagegen, der Star der vierziger Jahre,

gönnte Marilyn Monroe die Show, die in den Medien wieder für Schlagzeilen sorgte: «Marilyn ist das Tollste, was Hollywood seit Jahren widerfahren ist. Das Filmgeschäft hat doch nur müde vor sich hingeplätschert – und plötzlich – Peng! – war Marilyn da. […] für Hollywood die reinste Wiederbelebungsspritze!»[138]

Betty Grable, die sich derart lobend über ihre Nachfolgerin Monroe geäußert hatte, trat bald darauf im komödiantischen Dreiergespann mit Marilyn und der sonst eher «sophisticated» wirkenden Lauren Bacall auf, in der Filmposse «How to Marry a Millionaire» («Wie angelt man sich einen Millionär?»). Es war der 21. Film, den man mit Marilyn Monroe in den Kinos sehen konnte, und das Publikum liebte das blonde, heiratsversessene Girl mit der schwarzgeränderten Brille. Heute erscheint die Darstellung eines mit seinen Reizen nicht sparenden Dummchens, das ständig gegen Tür und Wände läuft, weil es zu eitel für eine Brille ist, etwas übertrieben slapstickhaft. In den fünfziger Jahren aber muß diese spezifische Verbindung von Sex und Humor anrührend und befreiend gewirkt haben.

Im Sommer 1953 spielte Marilyn Monroe ihre fünfte Hauptrolle: eine Saloonsängerin in der Szenerie des Wilden Westens. «River of No Return» («Fluß ohne Wiederkehr») hieß der Streifen mit Robert Mitchum unter Otto Premingers Regie. Wären nicht die Schönheit der Monroe vor gewaltigen Naturkulissen zu bewundern gewesen und einige neue Songs, wäre dieser Film mit einer mageren Story ein völliger Reinfall geworden. Erst dreißig Jahre nach dem Tod des Stars waren die vier sentimentalen, aber auf sehr eigene Weise interpretierten Lieder, die sie in diesem Film singt, auf Tonträgern erhältlich: «One Silver Dollar», «I'm Gonna File My Claim», «Down in the Meadow» und «River of No Return». *Heute würde ich «River of No Return» nicht mehr annehmen»,* sagte Marilyn zwei Jahre nach der Produktion. *Ich weiß, daß ich Besseres verdiene als schlechte Cowboyfilme, in denen die Schauspielerin hinter der Landschaft und dem Cinemascope an zweiter Stelle steht.*[139]

Seit der ersten Begegnung zwischen Marilyn und dem Fotografen Milton Greene im Jahre 1949 war viel geschehen. Greene hatte «Life» verlassen und war bei der Zeitschrift «Look» zum anerkannten Porträtfotografen avanciert. 1953 hatte er nun wieder den Auftrag, eine Fotoserie von Hollywood-Stars zu inszenieren. In diesem Sommer entstanden neun Porträts von Marilyn, die in der Zeitschrift «Look» vom 17. November 1953 veröffentlicht wurden. Zum Dank schickte der Star dem Fotografen rote Rosen. Als Milton Greene von der niedrigen Gage Marilyns bei der Fox hörte, war er entsetzt. Daraufhin fing er an, ernsthaft zu überlegen, ob er nicht mit Marilyn Monroe zusammen eine eigene Filmfirma aufbauen sollte. Diese würde nur Filme mit ihr finanzieren,

«River of No Return», 1954

deren Stoffe sie sich selbst aussuchte. Marilyn Monroe hörte interessiert zu, die beiden freundeten sich erneut an.

Das war der Beginn zweier wichtiger Trennungsprozesse: vom Studio und von ihrer Schauspiellehrerin Lytess. Die Filmschauspielerin entzog sich zunächst ihren Arbeitsverpflichtungen gegenüber der Fox und flog am 23. Dezember 1953 als Miss Norma Dougherty nach San Francisco, wo Joe DiMaggio mit den Hochzeitsvorbereitungen auf sie wartete. Die

Öffentlichkeit hatte schon gar nicht mehr damit gerechnet – so häufig war von Zerwürfnissen des Traumpaares die Rede gewesen in den vergangenen Jahren.

Am 14. Januar 1954 war es so weit: DiMaggio heiratete eine siebenundzwanzigjährige Braut, die ihr Alter im Rathaus von San Francisco mit fünfundzwanzig angab und beim Eheversprechen vor dem Standesbeamten das damals noch übliche Gelöbnis, dem Ehemann zu gehorchen, wegließ. Vor den zweihundert Reportern, die man neben dreihundert Fans ins Rathaus hineingelassen hatte, flohen sie in die Flitterwochen, die sie an einem geheimgehaltenen Ort verbrachten.

Auf Wunsch ihres Ehemannes erschien Marilyn am 20. Januar nicht zu den Proben des Fox-Films «Pink Tights», in dem sie eine Frau mit lockerem Lebenswandel spielen sollte. Daraufhin wurde sie vom Studio suspendiert. Das störte die Schauspielerin aber nicht weiter, da sie schon innerlich entschlossen war, ihre eigene Produktionsgesellschaft zu gründen mit der Hilfe von Milton Greene. In ihren ersten acht Hollywood-Jahren war sie in 24 Produktionen aufgetreten. Sie brauchte eine Zäsur, denn ihr wurde jetzt schmerzlich bewußt, daß sie selbst an dem glatten Image, das ihr mehr und mehr zuwider wurde, aktiv mitgewirkt hatte.

Nach 24 Filmen war es Zeit für einen Abschied von der ersten, glamourhaften Phase des Aufstiegs. Im zweiten Abschnitt ihrer Filmkarriere, den Jahren von 1955 bis 1962, wird sie nur noch in fünf Filmen auftreten, die sie sich überwiegend selbst aussucht. Verbunden mit einem neuen Selbstbewußtsein und einer verstärkten Erforschung ihrer selbst nimmt aber auch ihr Tablettenkonsum zu, den sie mit Sidney Skolsky begonnen hatte. Verheerende Wirkung haben die Aufputschmittel in Verbindung mit Alkohol, von dem sie zwar nur wenig genießt, aber auch nur sehr wenig verträgt. Marilyn Monroe leidet seit geraumer Zeit unter Schlaflosigkeit und quälenden Kindheitserinnerungen.

Am 29. Januar 1954 fliegt das Ehepaar DiMaggio nach Japan. Marilyn hat einen verbundenen Daumen und reagiert verlegen auf Fragen der Reporter danach. Freunde und Journalisten waren damals und sind bis heute der Meinung, daß dies die ersten Zeichen für Gewalt waren, die Marilyn von ihrem neuen Ehemann zu erdulden hatte. Joe soll, wenn er eifersüchtig war, zugeschlagen haben.[140]

In Japan wollte DiMaggio eine schon vor der Hochzeit versprochene Baseball-Werbetour mit seinem alten Freund und Lehrer Frank O'Doul und dessen junger Ehefrau absolvieren. Er hatte sich eine nette Reise zu viert vorgestellt, bei der die Frauen die Begleiterrolle übernehmen sollten. Aber Marilyn stahl ihm die Show: erst bei der Ankunft in Tokio, bei der Tausende nur Augen für sie hatten, dann vor dem Hotel, wo zweihundert Polizisten die Fans von Marilyn zurückhalten mußten. Schließ-

Marilyn und ihr zweiter Ehemann Joe DiMaggio

lich wurde der Star gefragt, ob ein Auftritt vor amerikanischen Soldaten
in Korea möglich wäre. Marilyn sagte sofort zu.

Die Show wurde in Fotos und Filmaufnahmen festgehalten: Per Hub-
schrauber, Jeep und Flugzeug besuchte sie die GIs in deren Winterquar-
tieren. Vor sechzig- bis hunderttausend Männern, die bisher nur ihre
Fotos kannten, trat sie im hautengen Kampfanzug mit funkelnden Ohr-
ringen auf – ehe sie sich bei Eiseskälte im dünnen Showkostüm präsentierte. Zum erstenmal sang sie ihre erotisch präsentierten Lieder live.

*Siebzehntausend Soldaten saßen vor mir und jubelten mir aus Leibeskräf-*
*ten zu. Ich stand da und lächelte sie an. Es hatte zu schneien begonnen.*
*Aber mir war so warm, als schiene die Sonne... Ich habe eigentlich immer*
*Angst vor dem Publikum – egal vor welchem. [...] Aber als ich dort vor*
*den johlenden Soldaten stand und die Schneeflocken mich umtanzten,*
*hatte ich zum erstenmal in meinem Leben vor nichts Angst. Ich war nur*
*noch glücklich.*[141] Als sie, nach Japan zurückgekehrt, DiMaggio davon
berichtete, soll er geantwortet haben: «Bei mir waren es fünfundsiebzig-
tausend.»[142] Das bezog sich auf die Fans seiner früheren Jahre.

Nachdem das jung verheiratete Paar nach San Francisco zurückgekehrt ist, vertraut Marilyn am 8. März 1954 bei der Verleihung des «Photoplay Award» für ihre schauspielerische Leistung in «Gentlemen Prefer
Blondes» und «How to Marry a Millionaire» ihrem Freund Sidney Skolsky ein Geheimnis an: Sie werde irgendwann Arthur Miller heiraten. Als
er ihr entgegenhält: «Aber du kommst gerade von einer Hochzeitsreise
zurück. Du hast mir erzählt, wie wunderbar Joe ist...»[143], antwortet sie:
*Warte ab. Du wirst schon sehen.*[144] Dabei hatte es noch kein weiteres Treffen zwischen dem Dramatiker und der Schauspielerin gegeben.

Die Eheprobleme der DiMaggios spitzten sich langsam zu, auch wenn
Marilyn anfangs versuchte, in der Familie von Joe in San Francisco zu
leben. Sie suchte Geborgenheit, konnte aber nicht die Rolle der Hausfrau übernehmen, wie es von ihr erwartet wurde. Die Vorstellung, ihre
Karriere aufzugeben, war für sie absurd, nach allem Kampf darum.

Nach der Japanreise wurde sie von ihren Agenten dazu überredet,
tatsächlich ihre Autobiographie, die ein Kassenschlager werden würde,
zu veröffentlichen. Marilyn willigte ein, daß der Schriftsteller Ben Hecht,
den sie schon als Drehbuchautor von «Monkey Business» kannte, aufgrund ihrer und Skolskys Informationen etwas schreiben sollte. Sie be-
hielt sich aber ein Vetorecht vor. Erst 1974 wurde dann ein Buch mit dem
Titel «My Story» veröffentlicht, weder von ihr noch von Ben Hecht
autorisiert. Es enthält Anekdoten von Marilyn und Skolsky, die zwischen
1951 und 1952 zusammengetragen worden waren, Schilderungen der beiden aus dem Jahr 1954 und Auszüge aus einem Manuskript von Ben
Hecht, das Hechts Agent ohne Einwilligung Marilyns und des Autors an
die Londoner «Empire News» verkauft hatte. Eine letzte Überarbeitung
soll von Milton Greene im Jahr 1970 erfolgt sein[145], der mehrere unbekannte Autoren damit beschäftigte. Das Buch ist letztlich ein fragwürdi-
ges Konglomerat von Unwahrheiten, Anekdoten und Biographischem.

Im Mai 1954 beendete der Star seinen Boykott der Filmfirma. Die Fox
einigte sich mit ihr, daß sie tatsächlich in «Pink Tights» nicht aufzutreten
brauchte, statt dessen eine Nebenrolle in einem Musical «There's No
Business Like Show Business» («Rhythmus im Blut») übernehmen sollte

Vor amerikanischen GIs in Korea, 1954

und danach eine Hauptrolle in Billy Wilders «Seven Year Itch» («Das verflixte siebte Jahr») bekäme. Im August sollte dann ein neuer Vertrag ausgehandelt werden. Für den zweiten Film bewilligte die Fox einen Bonus von 100 000 Dollar extra. Allerdings sollte Marilyn die Zeit, die sie nach der Hochzeit nicht gearbeitet hatte, sozusagen nacharbeiten – das hieß, noch einen Film zu den alten Bedingungen drehen. Was die Fox nicht wußte: ihr Star arbeitete zu der Zeit bereits zusammen mit Milton Greene das Konzept für die eigene Filmfirma Marilyn Monroe Productions (MMP) aus.

Bei den Dreharbeiten zu «Show Business» befreundete sie sich mit dem Musiklehrer Hal Schaefer. Bald verliebten sich die beiden ineinander. Schaefer war ein ruhiger, freundlicher junger Mann, der Marilyns Gesangsentwicklung positiv beeinflußte. Er übte neben den Songs wie «Heatwave» und «After You Get What You Want, You Don't Want It» für den Musical-Film auch einige Songs für eine Plattenaufnahme bei RCA mit ihr ein. Darunter war eine besonders auffallende, bittersüße Interpretation des Songs «A Fine Romance». Marilyn sagte bei diesen Aufnahmen: *Ich bin erst zufrieden, wenn die Leute mich singen hören wollen, ohne mich dabei zu sehen.*[146] Hal Schaefer unternahm wegen seiner Liebe zur verheirateten Marilyn einen Selbstmordversuch, der die Geliebte sehr belastete.[147]

Damals nahm Marilyn schon höhere Dosen von Beruhigungsmitteln, um schlafen zu können und den Streitigkeiten mit DiMaggio aus dem Wege zu gehen, der sie immer häufiger schlug. Als die Monroe ihre bekannte Interpretation des Songs «Heatwave» im hautengen, gefiederten und mit Pailletten übersäten Schlangenkleid vorführte, war auch ihr Mann am Set zugegen. Angeekelt wandte er sich ab, als sie ihn zur Begrüßung umarmen wollte. Bei dieser Gelegenheit lernte sie aber auch zwei Menschen kennen, die für ihr weiteres Leben und ihre berufliche Entwicklung besondere Bedeutung haben sollten: Paula und Susan Strasberg, Frau und Tochter des berühmten Schauspiellehrers Lee Strasberg aus New York.

Unmittelbar nach den Dreharbeiten zum Film-Musical Ende August mußte Marilyn Monroe trotz ihrer privaten Schwierigkeiten, die immer mehr zunahmen, sofort die Rolle für ihren neuen Film «The Seven Year Itch» einüben. Sie spielte als Partnerin von Tom Ewell die attraktive, sehr natürlich wirkende Nachbarin eines Mannes, der, von seiner Frau getrennt, durch sie eher widerwillig in Versuchung gerät. Weltbekannt wurde Marilyn durch ihren Auftritt im naturfarbenen Plisseekleid, das für Sekunden über einem U-Bahn-Belüftungsschacht hochfliegt. Diese Szene wurde schlichtweg d a s bildliche Marilyn-Zitat. Zahlreiche Fotoversionen zeigen das Kleid strahlend weiß, Marilyn in sexy Pose, den

Werbefoto für den Film: «The Seven Year Itch», 1955.
Mit Tom Ewell

Kopf lächelnd in den Nacken geworfen, und ihr Rock fliegt so hoch, daß er ihr Höschen über den nackten Beinen in hohen Stöckelschuhen preisgibt. Diese Fotos entstanden nachts, bevor die eigentliche Szene im Studio gedreht wurde. Es war ein Pressegag des Fotografen Sam Shaw, der, seit 1951 mit Marilyn befreundet, für den Film als Designer arbeitete. Stundenlang stand der Star für dieses Werbefoto in der herbstlichen Nachtkälte und ließ das Blitzlichtgewitter munter lächelnd über sich ergehen.

Ihr Ehemann, durch einen befreundeten Journalisten zu diesem Termin gelockt, war starr vor Entsetzen und schrie seinen Freund an: «Was zum Teufel ist hier los?!»[148] Billy Wilder, der Regisseur des Films, erinnert sich an den «Todesblick»[149] Joe DiMaggios dabei. In dieser Nacht soll er seine Frau grün und blau geprügelt haben. «Auf ihren Schultern waren Blutergüsse»[150], erinnerte sich ihre Friseurin Gladys Whitten. Und Natasha Lytess soll nachts laute Schreie aus Marilyns Suite gehört haben.[151]

Zwei Wochen später reichte Marilyn Monroe die Scheidung von ihrem zweiten Ehemann ein.

## 2. Versuchte Freiheit

Am 3. Oktober 1954 informierte Marilyn die Werbeabteilung des Studios von ihrem Schritt, und am nächsten Morgen wimmelte es vor ihrem Bungalow von Pressevertretern. Sie und Joe DiMaggio mußten sich durch den Fotografenpulk drängeln, um zu ihren Autos zu kommen. DiMaggio erzählte den Reportern, er würde sich nach San Francisco zurückziehen, «dort war ich immer zu Hause und bin es immer noch. Ich werde nie mehr zurückkommen.»[152] Seine Frau verließ das Haus ganz in Schwarz gekleidet, gestützt von Sidney Skolsky, der für sie erklärte: «Es gibt keinen anderen Mann.»[153] Ihr Anwalt erläuterte, daß Konflikte um die Karriere von Mrs. Monroe diesen Schritt notwendig gemacht hätten. Und Marilyn Monroe selbst betonte schluchzend: *Ich kann mich heute nicht dazu äußern. Es tut mir furchtbar leid.*[154]

Zwei Abende zuvor hatte sie fluchtartig das gemeinsame Haus verlassen und war nachts stundenlang im Auto umhergeirrt. Marilyn sagte später über ihre zweite Ehe: *Wen glaubte er denn zu heiraten, als wir uns das Jawort gaben? Wenn ich ganz ehrlich bin, dann war unsere Ehe etwas wie eine verrückte, schwierige Freundschaft mit gewissen sexuellen Privilegien. Später erfuhr ich dann, daß die meisten Ehen so sind.*[155] Joe DiMaggio sagte zur Zeit der Scheidung: «Ich glaube, Marilyn ist im Grunde ein gutes Kind, jung und naiv, aber ich glaube, daß sie von falschen Freunden beraten wurde.»[156]

Marilyn Monroe mit Marlon Brando bei Dreharbeiten zu dessen Film «Desirée», 1954

Am 7. Oktober, zwei Tage nachdem die Weltpresse die Nachricht von der Trennung des Paares erfahren hatte, erschien Marilyn zum erstenmal wieder gestärkt und ausgeschlafen am Set des Billy-Wilder-Films «The Seven Year Itch». *Ich hatte den starken Wunsch, wenigstens in mei-*

nem Beruf etwas Gutes zu leisten, wenn schon in meinem Privatleben so viel danebenging.[157] Am 27. Oktober war der Scheidungstermin. Die Auflösung der Ehe sollte nach einem Jahr wirksam werden. Innerhalb dieses Jahres kämpfte der ehemalige Baseball-Champion mit allen Mitteln um sie und bebte vor Eifersucht, als wäre Marilyn sein Besitz. Seit Mitte Oktober hatte er einen Privatdetektiv beschäftigt, weil er immer noch glaubte, Hal Schaefer sei der Grund für ihre Trennung.

Am 4. November waren die Dreharbeiten für «The Seven Year Itch» offiziell beendet. Ihr Agent veranstaltete zu Ehren Marilyn Monroes ein großes Dinner im Restaurant «Romanoff's» in Beverly Hills, mit achtzig Gästen, unter anderem den wichtigen Leuten der Fox. Für Marilyn war dies die eigentliche Einführung in die Hollywood-Gesellschaft – eine neue Stufe der Akzeptanz. Am wichtigsten war ihr allerdings, daß sie Clark Gable vorgestellt wurde, dem Idol ihrer Kindheit und Jugend.

Am 7. November mußte die Schauspielerin ins Krankenhaus zu einem Unterleibseingriff, um ihre häufig quälenden Menstruationsbeschwerden zu lindern. Gnadenlos wurde der Star von Fotoreportern «abgeschossen»; später verließ sie das Krankenhaus ungeschminkt und geschwächt durch einen Hintereingang. Häufig sind diese Bilder, die eine weinende Marilyn zeigen, die ihr Gesicht vor den Reportern verbergen will, als Beweis für einen Nervenzusammenbruch gewertet worden. Die Presse hielt sich nicht an die Selbstinszenierungen des Stars, längst gab es für Marilyn Monroe kein Privatleben mehr. Der einzige, der sie im Krankenhaus besuchte, war übrigens DiMaggio. Er blieb auch die folgenden Jahre ihr treuester und immer willkommener Freund, trotz aller Verletzungen, die er ihr zugefügt hatte. Bei gesellschaftlichen Ereignissen war jedoch der Filmjournalist Skolsky Marilyns häufigster Begleiter. Und in diesem November fanden viele gesellschaftliche Ereignisse statt.

Eines davon hätte allerdings ohne Marilyn Monroes Intervention nicht stattgefunden. Ella Fitzgerald sollte, wie allen farbigen Bühnenkünstlern in den fünfziger Jahren in ganz Hollywood, ein Engagement im bekannten Mocambo Club verweigert werden. Marilyn setzte sich für ihr farbiges Idol ein, das sich später noch genau daran erinnerte: «Sie wollte, daß ich sofort engagiert wurde. Und falls es geschähe, wollte sie jeden Abend, an dem ich auftrat, am ersten Tisch sitzen. [...] Der Besitzer willigte ein, und Marilyn war jeden Abend am ersten Tisch vor der Bühne zu sehen.»[158]

Ende 1954 wurde es Ernst mit der Gründung der Marilyn Monroe Productions. Milton Greene kam nach Los Angeles mit den ersten wichtigen Unterlagen. Marilyn wagte das Unternehmen mit dem zweiunddreißigjährigen Greene, weil sie endlich mehr Einfluß auf die Filme bekommen wollte, in denen sie spielte. Und es ging ihr darum, ihre Einnahmen mit einer höheren, angemessenen Gage zu verbessern. Sie war verärgert, daß man sie bei der Fox immer noch mit dem alten Vertrag gängelte und ausnutzte und außerdem die versprochenen 100 000 Dollar als Bonus für «The Seven Year Itch» noch nicht bezahlt hatte. Künftig verhandelte sie mit den großen Studios nur noch als eigene Firma. Das war eine Novität in den fünfziger Jahren, denn die Knebelverträge waren die Norm. Allerdings war kaum ein Star so schlecht bezahlt worden wie acht Jahre lang die junge Monroe.

Drei große Wünsche für ihre neue Selbständigkeit hatte Marilyn im Jahr 1955: Sie wollte Produzentin werden, Schauspielunterricht in New York nehmen und dort eine Psychoanalyse beginnen. Ohne Milton Greenes Enthusiasmus, der von wenig Fachkenntnis getrübt war, hätte die Achtundzwanzigjährige die Loslösung aus den Abhängigkeiten Hollywoods nicht geschafft. Am 7. Januar 1955 gab Marilyn Monroe ihren Entschluß zur Unabhängigkeit in New York öffentlich bekannt. Vor achtzig Presseleuten, Freunden und potentiellen Investoren verkündete Marilyn die Gründung einer eigenen Firma. Sie sei die Chefin, Milton Greene ihr Stellvertreter. *Wir wollen uns in allen Bereichen des Unterhaltungsgeschäfts betätigen,* so die neue Direktorin, *aber ich habe die immer gleichen, alten Sexrollen endgültig satt. Ich möchte etwas Besseres leisten. Jeder Mensch hat eine Bandbreite, in der er sich ausdrücken kann.*[159] Und sie sei nirgendwo mehr unter Vertrag, informierte der Firmenanwalt Delaney die Presseleute.

Auch die Produzenten der Fox gaben sofort eine Pressekonferenz und erklärten, daß die Monroe sehr wohl noch bei ihnen unter Vertrag sei und mit jedem nächsten Film an sie gebunden. Doch der MMP-Anwalt hatte genau recherchiert, daß das Studio sich durch die Zahlungssäumnis der 100 000-Dollar-Prämie und einer Verspätung in der Options-Erneuerung formaljuristisch in Verzug befand. Die Hollywood-Firma war geschockt, Marilyn blieb gelassen. Sie wußte, die Herren Zanuck und Co. brauchten den Superstar als Kassenmagneten.

In den nächsten zwei Jahren hielt sich die Schauspielerin viel im Hause von Milton Greene und seiner Frau Amy in Connecticut auf. Gemeinsam unternahm man Ausflüge ins New Yorker Gesellschaftsleben. Marilyn Monroe genoß dieses Leben. «Bei uns lernte sie etwas völlig Neues kennen», erinnerte Amy Greene sich, «und das war ein geregeltes Leben in einem durchorganisierten Haus. Sie hatte ihr eigenes kleines Zimmer, wenn sie zu Besuch kam. [...] Sie wollte sich Bildung aneignen. Aber sie wollte gleichzeitig auch ein Star sein. Das war ihr Konflikt.»[160]

Während die Anwälte der Marilyn Monroe Productions mit der Fox weiter verhandelten, begann die junge Firmenchefin eine Psychoanalyse bei derselben Ärztin, die auch Milton Greene konsultierte, Dr. Margret

Mit Milton Greene, 1956

Hohenberg. Diese Verquickung war nicht gerade einfach und führte später zu Mißtrauen und Mißverständnissen zwischen den beiden Freunden
und Geschäftspartnern. Doch zunächst war alles, was Marilyn Monroe in
diesem Jahr 1955 anfing, von einem neuen Schwung belebt, auch der Beginn ihrer Schauspielarbeit bei Lee Strasberg – wie einer der Mitarbeiter

Marilyn, fotografiert von Milton Greene

bei ihrer Agentur MCA, Jay Kanter, bestätigte: «Marilyn kam mir in diesem Jahr sehr gelöst, sehr lebhaft und begeisterungsfähig vor. [...] Es gefiel ihr, dem Filmgeschäft Hollywoods entflohen zu sein. Es war eine vielversprechende Zeit, und mir kam es so vor, als fände sie zu einem völlig neuen Leben.»[161]

Zwischen Milton Greene und Marilyn lebte die alte Anziehung wieder auf, was in den sehr verführerischen Fotos dokumentiert ist, die er mit ihr in den Jahren 1954 und 1955 produzierte. Besonders erotisch gelang ihnen die Serie der sogenannten «Schwarzen Sitzung». Auch wenn Amy Greene später immer wieder ein Verhältnis der beiden dementierte, haben Freunde die Affäre mitbekommen, und Marilyn stand in späteren Aussagen auch dazu.[162] Greene verschrieb sich ganz der Sache Marilyns. Er nahm für ihren Lebensunterhalt in den zwei Jahren ohne Filmaufträge sogar eine Hypothek auf sein Landhaus auf.

Marilyn Monroe liebte es, in der Zeit in New York incognito zwischen ihrer Psychiaterin und dem Actors Studio von Lee Strasberg hin und her zu pendeln – mit Kopftuch und schwarzer Sonnenbrille.

Ihr berühmter Lehrer Lee Strasberg war zu der Zeit 54 Jahre alt, ein gebürtiger Pole, der mit seiner Familie nach Amerika emigriert war. Ab 1922 hatte er die Schauspielerei bei einem Russen, dem Regisseur Richard Bolislawski gelernt, der wiederum mit Konstantin Stanislawski am Moskauer Künstlertheater gearbeitet hatte. 1931 gab der junge Strasberg, der bis dahin Israel Srulke geheißen hatte, sich seinen neuen Namen und gründete mit dreißig Jahren in New York das legendäre Group Theatre, zusammen mit Cheryl Crawford und Harold Clurman. Hier entwickelte er als Schauspieler, Regisseur, Produzent und Lehrer eine Schauspieltechnik, die später «The Method» hieß. Über diese «Method» gab es bald Meinungsverschiedenheiten. Strasberg verließ das Studio, arbeitete zunächst allein und übernahm schließlich, nachdem er in Hollywood als Regisseur erfolglos geblieben war, 1951 die Leitung des Actors Studio. Dieses war vier Jahre zuvor von Elia Kazan, Cheryl Crawford und Robert Lewis gegründet worden.

«Wir waren wie die Gläubigen einer neuen Kirche», berichtete der Schauspieler Eli Wallach von den Studiomitgliedern, wie die Schüler Strasbergs genannt wurden, «wir verstanden keine andere Schauspieltechnik außer unserer eigenen. Jeder andere war ein Heide.»[163] Lee Strasberg legte in seiner Studioarbeit und den Einzelsitzungen, die er für einige ausgewählte Studenten zu Hause gab, höchsten Wert auf die Macht des sogenannten wahren Gefühls, das aus der ganz persönlichen Geschichte des Schauspielers käme. Deshalb hatte seine Methode eine große Nähe zur Psychoanalyse. Und der Lehrer ermutigte auch Schüler wie Marilyn, in einer Psychoanalyse parallel die Gefühlsblockaden zu beseitigen, die den Zugang zum Innenleben verstellten. Elia Kazan, der vorherige Leiter des Studios, gehörte zu seinen Gegnern, von denen es ebenso viele wie begeisterte Anhänger gab: «Lee forderte jahrelang, daß Schauspieler sich seinen Lehren und der Intensität seines Empfindens unterwarfen. Je naiver die Schauspieler waren und je mehr Selbstzweifel sie hatten, desto totaler war Lees Macht über sie. Je berühmter und erfolgreicher diese Schauspieler waren, desto süßer schmeckte Lee die Macht über sie.»[164]

Kazan wollte statt der eigenen Gefühle die Texttreue und Integrität der Rolle in seiner Regiearbeit betont wissen. Für Marilyn mit ihrer Lebensgeschichte war die Aufwertung ihrer ureigensten emotionalen Erfahrungen unter Lee Strasbergs Anleitung eine Offenbarung. Mit dem Schauspiellehrer blieb sie ihr Leben lang befreundet und vererbte ihm später den größten Teil ihrer Hinterlassenschaft. In dem Maße, in dem sie sich auf Strasberg und die Psychoanalyse einließ, verschwand zugleich ihre Abhängigkeit von der alten Lehrerin Lytess, die von jetzt an aus ihrer Karriere verbannt wurde.

Da die Schauspielerin am Anfang Angst vor der Gruppenarbeit im Studio hatte, gab Strasberg ihr Einzelstunden zu Hause. Seine Tochter, Susan Strasberg, siebzehn Jahre alt, aber schon bekannt durch gute Theaterrollen am Broadway, bekam mit, wie ihr Vater plötzlich Marilyn auch privat in den Mittelpunkt stellte. Im Hause der Strasbergs drehte sich alles um den Vater. Die Mutter, Paula Strasberg, hatte auf eine eigene Karriere als Schauspielerin verzichtet, um den von Hollywood frustrierten Mann zu unterstützen. Da die Strasbergs erkannt hatten, wie einsam Marilyn Monroe war, wurde sie als fünftes Mitglied der Familie aufgenommen, in der es neben Susan noch den Sohn Johnny gab.

Diese enge Anbindung aber hatte auch eine negative Folge für die Psyche der Neunundzwanzigjährigen: die väterlich-fürsorgliche Pflege des Lehrers stürzte sie in eine neue Abhängigkeit. Da Strasberg vom Mißbrauch der Schauspieler durch die Hollywood-Studios überzeugt war, stimmte er Marilyn gegen die Filme der Fox ein. Dies ging zum Beispiel Milton Greene zu weit, wollte dieser doch gerade im Filmgeschäft mit der Monroe als Star tätig sein und keine Broadway-Rollen für sie aushandeln. Die Fox hatte Lee Strasberg einmal eine Regie ausgeschla-

Lee, Paula und Susan Strasberg

gen bei einem Film, zu dem er das Drehbuch geschrieben hatte. «Mein Vater war furchtbar frustriert und stritt sich mit den falschen Leuten»[165], sagt Susan Strasberg in ihren Erinnerungen.

Paula Strasberg versuchte inzwischen, Marilyns Tablettenkonsum zu kontrollieren, konnte aber den Angstzuständen des jungen Stars nicht entgegenwirken. Diese gab gegenüber Freunden zu, daß sie Pillen gegen ihre Angst nahm. Als ihr andere Studiomitglieder sagten, jeder von ihnen habe Angst, antwortete sie: *Aber du bist nicht in meiner Lage. Wenn man in einem Film mitwirkt, muß man morgens früh gut aussehen, deshalb braucht man vorher seinen Schlaf. Und darum nehme ich die Tabletten.*[166]

Mittlerweile war die Kombination von Tabletten und alkoholischen Getränken ein gefährliches Gift für Marilyn Monroe. Es machte sie launisch und aggressiv am nächsten Tag. Aber ihre behandelnden Ärzte merkten nichts davon oder wollten nichts wissen. Ihr Hausarzt Dr. Shapiro gab ihr Spritzen und Medikamente, wenn sie danach verlangte. Und ihre Psychoanalytikerin Dr. Hohenberg kümmerte sich nicht um die Medikamentensucht ihrer Patientin. In den fünfziger Jahren gingen in Amerika fast alle Ärzte sehr großzügig mit Beruhigungsmitteln um, und Aufputschmittel waren im Drugstore ohne Rezept erhältlich. Darüber hinaus gaben die Studioärzte in Hollywood den Stars Pillen, wenn sie zu aufgeregt oder aber lethargisch waren.

Mit 29 Jahren sagte Marilyn Monroe über ihre Schwierigkeiten, die sie trotz des Neuanfangs spürte: *Mein Problem ist, daß ich mich selbst unter Druck setze. Aber ich möchte nun mal wunderbar sein. [...] Ich versuche, eine Künstlerin und ehrlich und echt zu sein, und manchmal habe ich das Gefühl, daß ich am Rande des Wahnsinns stehe.*[167]

Die Arbeit mit der Psychoanalytikerin brachte ihr kaum Erleichterung, sie verstärkte eher ihre Anspannung. Denn ihre Sorge war, daß Milton Greene bei Dr. Hohenberg genauso über sie sprach, wie sie es dort über ihn tat. So ging sie oft unsicher zur Therapie und gepanzert mit Mißtrauen in die Besprechungen ihrer Firma, wenn Greene anwesend war.

Sam Shaw, der befreundete Fotograf, der auch als Filmdesigner arbeitete, brachte Marilyn eines Abends mit dem Lyriker Norman Rosten und dessen Frau Hedda zusammen. Da die Schauspielerin sich für gute Literatur interessierte und seit Jahren auch selbst Gedichte schrieb, entspann sich schnell eine inspirierte Freundschaft zwischen den dreien. Norman Rosten schilderte später das widersprüchliche Bild, das er in den fünfziger Jahren von dem jungen Star hatte: «Wenn sie uns in Brooklyn Heighs besuchte, bestand sie stets darauf, beim Tischdecken und Geschirrspülen zu helfen. Sie wollte, daß man sie als normalen Menschen betrachtete.

[…] Aber sie konnte einen nie ganz vergessen lassen, daß sie tatsächlich ein Filmstar war.»[168]

Durch Norman Rosten, der ein Studienfreund Arthur Millers war, sah sie auch den Dramatiker in New York wieder. Miller hatte inzwischen sein Bühnenstück «Hexenjagd» («The Crucible») veröffentlicht, das ihm viel Anerkennung beim Publikum, nicht aber bei der Regierung verschafft hatte. Es handelte nur vordergründig von den Hexenprozessen 1692 in Salem, hintergründig wurde McCarthys Hexenjagd gegen Kommunisten und Liberale thematisiert. Im Sommer 1955 war Miller in New York, weil sein neues Stück «A View from the Bridge» Premiere hatte. Die Freundschaft mit Elia Kazan war in die Brüche gegangen, weil Kazan vor dem Ausschuß für «unamerikanische Umtriebe» gegen Kollegen ausgesagt hatte.

Arthur Miller war noch mit der Lektorin Mary Grace Slattery verheiratet und lebte mit ihr und den beiden gemeinsamen Kindern in Connecticut auf dem Lande. Nun lud er, kurz nachdem er sie wiedergetroffen hatte, Marilyn zu seinen alten Eltern nach Brooklyn ein. Als die bekannte Schauspielerin in der Küche von Isadore und Augusta Miller saß, ungeschminkt und in hochgeschlossener Bluse, sagte der Dramatiker seinen Eltern: «Das ist die Frau, die ich heiraten werde.»[169]

Miller war in diesem Sommer 39 Jahre alt, ein Jahr jünger als Joe DiMaggio, mit dem Marilyn trotz aller vergangenen Vorfälle noch befreundet war.[170] Es gibt gewisse Parallelen zwischen den zwei Männern: beide waren sportliche, hochgewachsene Typen, etwas humorlos und hatten eine Vorliebe für das einfache Leben in der Natur. Aber Miller wirkte väterlicher. Er strahlte ein ernsthaftes Interesse an Marilyns Arbeit aus, in ihm fand sie ihre Leidenschaft für gute Stücke beantwortet, ja er war die Inkarnation des ernsthaften Autors. Er schrieb sozialkritische Stücke, die sie immer schon am meisten interessiert hatten, und er hatte Erfolg damit gehabt. Auch dies war sehr wichtig. Marilyn fühlte sich magisch zu ihm hingezogen, wie er – durch ihr Äußeres und ihre kindliche Ernsthaftigkeit – sich zu ihr. Später wurde ihre Verbindung in der Presse vereinfacht als die Liaison von Geist und Körper bezeichnet.[171]

Von wirklichen Schritten zur Ehe war allerdings anfangs noch nichts zu bemerken. Miller konnte sich lange nicht dazu durchringen, seine Frau zu verlassen. Und Marilyn drängte ihn sogar eher, seine Ehe aufrechtzuerhalten. Sie hatte schon zwei Scheidungen hinter sich und wollte sich nun um ihr berufliches Fortkommen kümmern. Ihr gefiel es, einen ernsthaften Geliebten und daneben andere, weniger verbindliche Liebesverhältnisse zu haben. Außerdem schien ihr das Gleichgewicht der neuen Beziehung, so verliebt sie war, etwas gestört. Die Schauspielerin erzählte der Frau ihres Geschäftspartners Greene später: *Ich hatte sehr viel zu tun.*

*Ich bereitete mich auf einen neuen Abschnitt meiner Karriere vor. Aber für Arthur gab es nicht viel, worauf er sich freuen konnte. In gewisser Weise tat er mir sogar leid.*[172]

Arthur Miller war tatsächlich in einer großen Krise. Er war von reaktionären Kreisen angegriffen worden, die ihn als kommunistischen Sympathisanten brandmarkten und beruflich vernichten wollten. Seine Vorladung durch den McCarthy-Ausschuß stand unmittelbar bevor. Deshalb war er auch so bitter enttäuscht von seinem Freund, dem Regisseur Kazan, der in Hollywood für die Hexenjäger Spitzeldienste leistete. Marilyn allerdings verhielt sich diplomatisch. Sie unterstützte Miller in dessen eigener Sache, hielt aber auch Kazan die Treue und erschien bei dessen Premieren in New York.

Ansonsten sah man den blonden Star in dieser Zeit recht selten in der Öffentlichkeit. Zuviel war sie mit der Arbeit bei Strasberg und bei ihrer Psychoanalytikerin beschäftigt sowie mit Treffen bei Milton Greene. Im Frühjahr 1955 signalisierte die Twentieth Century Fox endlich Verhandlungsbereitschaft, was Marilyns Filmfirma aufatmen ließ. Denn der Fotograf Greene mußte sich neben seiner künstlerischen Arbeit verstärkt als Geldbeschaffer betätigen, was sich schwieriger gestaltete als angenommen – es gab nicht viele, die Kapital in die neugegründete Firma investieren wollten. Marilyn ließ auch weniger Fotos von sich produzieren als in früheren Zeiten. Ausnahme waren Serien von Milton Greene und der bekannten Fotografin Eve Arnold, die schon Marlene Dietrich porträtiert hatte. Heraus kamen so unterschiedliche Fotos wie das als Raubtier im Leopardenfell oder die «Ulysses» lesende Joyce-Anhängerin. Und einer der später den Markt überschwemmenden Marilyn-Bildbände wurde im Frühjahr vorbereitet, mit Aufnahmen von Sam Shaw während der Produktion von «The Seven Year Itch».

Obwohl Marilyn Monroe in diesem Jahr 1955 so entscheidende Schritte zur Veränderung einleitete, wuchsen doch auch ihre Probleme. Sie fühlte sich einsam trotz ihrer Freunde und Liebhaber, hatte Angst vor der Rache Hollywoods und verstrickte sich immer mehr in eine Abhängigkeit von den Strasbergs.[173] Im Sommer 1955 begann sie mit den ersten Gruppensitzungen im Actors Studio. Sie galt bei den Kollegen als schüchtern, aber sympathisch und integer. Kim Stanley, die gerade einen großen Bühnenerfolg in dem Stück «Bus Stop» hatte, das bald danach mit Marilyn Monroe verfilmt wurde, erinnert sich, daß «jeder, der auch nur über einen Hauch von Großmut verfügte, Marilyn von Herzen liebte. Sie nahm uns alle für sich ein… Sie hatte etwas an sich, das einen dazu brachte, sie zu lieben.»[174]

Am 1. Juni besuchte die Schauspielerin, ganz anders als im Actors Studio, nämlich perfekt als Marilyn Monroe aufgemacht, die Premiere des

Films «The Seven Year Itch» – am Arm von Joe DiMaggio. Zufällig war dieser Tag ihr 29. Geburtstag. Den Reportern erklärte sie: *Wir sind gute Freunde. Wir haben nicht die Absicht, wieder zu heiraten.*[175] Die Presse wußte noch nicht, daß ein anderer Mann mit einer Heirat liebäugelte und sie weiterhin traf. In den Wochen nach der Premiere war Marilyn Monroe die populärste Persönlichkeit in Amerika. Fast zur gleichen Zeit stellten enge Freunde von ihr fest, daß die Künstlerin verstärkt begann, von sich in der dritten Person zu sprechen. Susan Strasberg erzählt, eines Tages habe Marilyn gefragt: «‹Möchtest du sehen, wie ich sie werde?› Sie schien sich innerlich darauf einzustimmen, so als würde in ihr etwas eingeschaltet, und plötzlich war sie nicht mehr nur das Mädchen, neben dem ich die ganze Zeit hergelaufen war, sondern die strahlende ‹Marilyn Monroe›, bereit für die Öffentlichkeit.»[176]

So großartig der Erfolg Marilyns war, der mit der letzten Premiere besiegelt wurde, richtig verdient hatten daran das Fox-Studio, Billy Wilder und der Agent Feldman, der Koproduzent war. Marilyn bekam ihre übliche Wochengage, allerdings auch die 100 000-Dollar-Gratifikation für den Film. Milton Greene und die Anwälte der MMP spürten bei den Ver-

FBI-Chef J. Edgar Hoover wird von Präsident Eisenhower mit einem Orden ausgezeichnet. Rechts im Hintergrund Richard Nixon

handlungen, daß die Fox ihren Star durchaus behalten wollte. Gleichzeitig gab es immer mehr Spannungen zwischen Marilyn und Greene, die vor allem vom engen Verhältnis der Schauspielerin zu Strasberg herrührten. Probleme bereitete auch der Tablettenkonsum, der bei Greene und Marilyn enorm angestiegen war – beide waren dabei, ihre Gesundheit zu ruinieren. Je nervöser Marilyn durch ihre anwachsenden Ängste und die Arbeit an ihren Kindheitsproblemen wurde, desto mehr wurde sie mißtrauisch gegenüber Greene, der trotz seines schlechten Gesundheitszustandes seine Arbeit leisten konnte. Sie fühlte sich, so kann man aus Notizen der Firmenanwälte[177] schließen, immer unfähiger neben ihm.

Ihre Gemütsverfassung in dieser Zeit wäre vielleicht noch schlechter geworden, hätte sie geahnt, daß es seit diesem Jahr 1955 eine Akte beim FBI über sie gab. Sie hatte sich zu einer Reise in die Sowjetunion von der National Arts Foundation inspirieren lassen, aufgrund ihrer Liebe zur russischen Kunst. Diese Reise zerschlug sich zwar, aber sie hatte ein Visum beantragt. Und nun war sie auch noch mit Arthur Miller liiert, der von FBI und CIA überwacht wurde. Ihre Arbeit im Actors Studio, die Freundschaft mit den Greenes wurden genau observiert; und J. Edgar Hoover selbst hatte Anweisung gegeben, daß jeder Versuch der Künstlerin, Amerika zu verlassen, gemeldet werden müsse.[178]

Ende des Jahres 1955 kam es endlich zum Vertrag zwischen Marilyn Monroes Filmgesellschaft und der Fox. 100 000 Dollar für jeden neuen Film sollte es geben, dabei wöchentlich 500 Dollar Gage für ihre Ausgaben während der Produktion. In den nächsten sieben Jahren brauchte sie nur in vier Filmen für das Studio aufzutreten. Mitsprache bei der Auswahl von Drehbuch, Regisseur und Kameramann wurde zugesagt. Außerdem räumte man ein, daß der Star nach jedem Film, den er für die Fox drehen würde, in einem anderen Studio zu eigenen Konditionen eine Produktion annehmen dürfe. Endlich waren ihr auch unabhängig von der Werbeabteilung des Studios Schallplattenaufnahmen, Radio- und Fernsehauftritte erlaubt. Da ihre eigene Firma ihr die Gage auszahlte, sollte Marilyn auf diesem Wege außerdem zu Steuervergünstigungen kommen.[179]

## 3. Die große Hoffnung

Jahreswechsel 1955/56: Die beiden ersten eigenen Projekte der Marilyn Monroe Productions sind unter Dach und Fach. Für die Fox soll der Star in der Verfilmung des Broadway-Hits «Bus Stop» auftreten. Und in London soll mit Warner Brothers «The Prince and the Showgirl» («Der Prinz und die Tänzerin») produziert werden.

Am 9. Februar 1956 findet im Terrace-Room des New Yorker Plaza Hotels eine Pressekonferenz mit Marilyn und dem britischen Theaterstar Sir Laurence Olivier statt, der den Prinz spielen und gleichzeitig Regie führen wird. Auf dieser Konferenz, bei der 150 Reporter und Fotografen anwesend sind, läßt Marilyn effektvoll einen Spaghettiträger reißen. Dies hat sie an ihrem schwarzen, tief ausgeschnittenen Samtkleid zuvor generalstabsmäßig vorbereitet – eine Sicherheitsnadel liegt bereit –, und die Reporter, die zuvor ziemlich dreiste und überhebliche Fragen gestellt haben, sind jetzt nur noch bildtechnisch aktiv. Olivier beeindruckt die Szene derart, daß er sie später in den gemeinsamen Film einarbeitet: dem Showgirl passiert bei der Krönungszeremonie des Prinzen das gleiche Mißgeschick.

Mit dem Publicity-Gag auf der Pressekonferenz schaffte es Marilyn wieder, auf zahlreiche Titelseiten der New Yorker Zeitungen zu gelangen. Andere Fotos aus dieser Zeit zeigen die Schauspielerin mit ihrem Geliebten Miller in Brooklyn. Sie hing an dessen Lippen, war magisch von seinem Wissen und seiner politischen Haltung angezogen – erfolgreicher allerdings war sie. Millers Krise dauerte an; es war eine Lebenskrise, die sich stark auf sein Schaffen auswirkte.

Der frühere Sozialist Miller war längst ein Liberaler geworden; dennoch wurde er von konservativen Fanatikern in der Presse als «heimlicher Kommunist» denunziert. Die Medien schossen sich jetzt auf die Verbindung Miller-Monroe ein und verunglimpften auch Marilyn, die sich mit einem Amerika-Feind einließe. Die übelste Attacke kam von einem Freund DiMaggios, dem Journalisten Walter Winchell, der ihren zweiten Mann damals zu den Fotoaufnahmen mit dem hochfliegenden Plisseerock geschleppt hatte, um dessen Reaktionen festzuhalten. Im Rundfunk gab er folgendes preis: «Amerikas berühmtester blonder Filmstar ist nun das Lieblingskind der linken Intelligenz, von denen einige als der Roten Front zugehörig registriert sind.»[180]

Als dann das Gerücht einer Hochzeit des neuen Paares kursierte, steigerte er sich noch: «Als nächstes wird Miller Ärger bekommen. Der Senatsausschuß für ‹Unamerikanische Umtriebe› will mit seiner Vorladung unter Strafandrohung in seinen inneren Zirkel eindringen. Es ist zufällig auch der innere Zirkel von Miss Monroe – und sie alle sind ehemalige kommunistische Sympathisanten!»[181]

Seine Informationen bezog Winchell direkt vom FBI-Direktor J. Edgar Hoover. Das FBI spionierte seit 1944 hinter Miller her, der früher Mitglied der linken American Labour Party gewesen war und sich als Student für die Republikaner im spanischen Bürgerkrieg engagiert und für die Sowjetunion interessiert hatte – wie viele amerikanische Intellektuelle der dreißiger Jahre. Seine beruflichen Erfolge in den fünfziger Jah-

Auf dem Flughafen Idlewild, New York.
Im Hintergrund links Arthur Miller

ren zogen die FBI-Agenten eher an, als daß sie ihn (der vom Kommu-
nismus spätestens seit dem Hitler-Stalin-Pakt restlos enttäuscht war)
schützten. Die sozialkritischen Stücke «Alle meine Söhne» (1947) und
«Tod eines Handlungsreisenden» (1949) wurden vom Amt Hoovers als
«Parteipropaganda» und «hinterhältiger Angriff auf unsere Werte» dargestellt.[182]

Marilyn stand zu Miller, je mehr er angegriffen wurde. Sie begleitete ihn später demonstrativ zu seiner Ausschußvorladung nach Washington.

Am 25. Februar 1956 kehrte die Schauspielerin nach Hollywood zurück – sie war über ein Jahr in New York gewesen. Dort hatte sie inzwischen erste öffentliche Vorführungen mit dem Actors Studio absolviert, in denen sie brillierte und ihre Lehrer und Mitstudenten zu begeistertem Applaus provozierte. Sie hatte sich verändert. Allan Snyder, ihr Freund und Maskenbildner, bemerkte: «Sie wirkte zufrieden und ernsthafter als je zuvor.»[183] Auch den Reportern gegenüber erwies sie sich als gelassen und schlagfertig.

Kaum war sie in Hollywood angekommen, versuchte ihre alte Schauspiellehrerin Lytess, der es inzwischen gesundheitlich und finanziell sehr schlecht ging, Kontakt mit ihrer ehemaligen Schülerin aufzunehmen. Aber diese reagierte nicht. Selbst als Natasha Lytess immer verzweifelter anrief, ließ sich Marilyn Monroe von ihren Firmenanwälten verleugnen. Die Lytess war krebskrank und von den Studios fallengelassen worden, weil man sie ohne Marilyn nicht benötigte. Die Schauspielerin hatte ihre ehemalige Stütze stillschweigend durch Paula Strasberg ersetzt. «Angesichts ihrer mächtigen Stellung hätte sie nur mit dem Finger zu schnippen brauchen», sagte Natasha Lytess später, «und ich hätte meinen Job im Studio behalten. Hätte sie nur ein wenig Dankbarkeit für meinen Beitrag in ihrem Leben empfunden, so hätte sie meine Stelle retten können.»[184]

Zu dieser Zeit aber arbeitete Marilyn schon intensiv mit Paula Strasberg am Drehbuch ihres neuen Filmprojekts «Bus Stop». Erinnerungen störten sie dabei. Marilyns Agenten bei MCA hatten Joshua Logan für die Regie ausgesucht, von dem man sehr gute Broadway-Inszenierungen kannte. Er war mit Lee Strasberg befreundet. Logan konnte sich zwar zuerst Marilyn als Besetzung überhaupt nicht vorstellen, aber nachdem Strasberg interveniert hatte, akzeptierte er. Auch Paula Strasberg half Marilyn entscheidend bei ihrem Hollywood-Comeback.

Nach den Dreharbeiten in der winterkalten Wüste von Phoenix ist die Schauspielerin schwer krank. Sie ruft Arthur Miller an, der sich für zwei Monate in Reno aufhält, um seine Scheidung schnell anerkannt zu bekommen, und gesteht ihm weinend: *Ich kann's nicht mehr. Ich kann so nicht arbeiten. O Papa, ich kann's nicht.*[185] Miller, der jedes Wochenende heimlich zu ihr kommt und sich mit ihr in einem Hotel versteckt, reagiert erschrocken und wird hellhörig. Aber er fühlt sich auch als Retter bestätigt: «Ich begriff plötzlich, daß sie niemanden außer mir hatte. Wir würden heiraten und ein neues und wirkliches Leben beginnen. [...] Ihr Schmerz war auch mein Schmerz»[186], schreibt er in seiner Autobiographie. Marilyn hatte ihm einen Schlüsselsatz über ihre Art des Schauspielens vermittelt, sie hatte am Telefon hinzugefügt: *Verstehst du, ich bin keine ausgebildete Schauspielerin. Ich kann nicht so tun, als ob, wenn ich's nicht wirklich tu: Ich weiß nur, was wirklich ist. Ich kann's nicht tun, wenn's nicht wirklich ist!*[187]

Immer wenn Miller ein Wochenende mit seiner Geliebten am Drehort verbracht hatte, war sie danach für den Regisseur Logan ein Wrack: nervös, verunsichert, unausgeruht. Doch als der Film «Bus Stop» am 31. August 1956 in die Kinos kam, merkte man von alldem nichts. Der Regisseur war wie die Kritiker begeistert.

Marilyn Monroe, in dem Film nach Milton Greenes Vorstellungen sehr blaß und durchscheinend geschminkt, gibt mit dem mißbrauchten Show-girl Chérie, das auf einen unbedarften jungen Cowboy trifft, eine ihrer eindrucksvollsten Schauspielleistungen. Ihre Manierismen und merk-würdigen Verzögerungen des Spiels aus Lytess' Zeiten waren völlig ver-schwunden. Ihr künstlich erzeugter unsicherer Gesang, ihre Zerbrech-lichkeit und ihr gesamtes Timing sind in diesem Film perfekt gespielt und inszeniert. Ihre Stimme ist natürlicher als in den früheren Hollywood-Komödien. Es war ein Film entstanden, der eine andere Monroe zeigte.

Am 21. Juni 1956 steht Miller in Washington vor dem Ausschuß für «Unamerikanische Umtriebe» – obwohl das FBI trotz vieler Recherchen nichts gegen ihn in der Hand hat. Man will über ihn an andere Intellek-tuelle herankommen. Miller sagt zwar zur eigenen Person aus, erklärt aber, daß er über andere nicht berichten werde. Daraufhin wird gegen ihn ein Verfahren wegen Aussageverweigerung angestrebt.

Während des Hearings hatte Miller seinen Paß zurückerbeten, weil er mit seiner zukünftigen Frau Marilyn Monroe beabsichtige, nach England zu reisen. Die Meldung war für die Medien wichtiger als die politische Haltung Millers vor dem Senatsausschuß. Marilyn erfuhr von diesem ungewöhnlichen Heiratsantrag kurz nach ihrem 30. Geburtstag über das Fernsehen und nahm die öffentliche Absichtserklärung mit gemischten Gefühlen auf: *Es war wahnsinnig nett von ihm, mir seine Pläne mitzutei-len*[188], sagte sie gegenüber New Yorker Freunden. Doch der Coup Millers hatte gewirkt, er bekam sofort den Paß für «die Liebe» – eine Verweige-rung wäre in der Öffentlichkeit schlecht angekommen. Am 29. Juni 1956 fand die standesamtliche Trauung in White Plains, New York, in kleinem Kreis statt. Am 1. Juli gab es dann das eigentliche Hochzeitsfest nach jü-dischem Ritus im Haus von Millers Agentin Kay Brown. Millers Familie war jüdisch. Marilyn liebte besonders Isadore Miller, den Vater. Sie hatte sich intensiv mit dessen Religion befaßt.[189]

Im Juli reiste das Ehepaar gemeinsam nach London zu Marilyns Film-aufnahmen mit Laurence Olivier. Ab jetzt war Miller fast ständig mit am Set. Dem neuen Projekt waren zähe Verhandlungen zwischen Milton Greene, Olivier und den Warner Brothers vorausgegangen. Besonders

Das Ehepaar Miller

hart waren wieder die Forderungen der Strasbergs gewesen: 25 000 Dollar für zehn Wochen Arbeit waren für Paula angesetzt, zuzüglich Spesen und anderer Ausgaben bei den Dreharbeiten. Lee Strasberg trat selbstherrlich und dominierend auf. «Er wies immer wieder auf die emotionale Schwäche von Marilyn hin – und meinte dann, er würde sich auch mit einem Prozentanteil am Film zufriedengeben», erinnert sich der MMP-Anwalt Stein. «Als Regisseur wollte er auch George Cukor und nicht Larry [Olivier].» [190] Aber auch Miller wollte sich auf seine Art am Erfolg beteiligen. Er fragte bei den Anwälten von Marilyns Firma nach, ob er nicht eine gemeinsame Steuererklärung mit ihnen abgeben könne und ob sie nicht Rechte von seinen Bühnenstücken ankaufen könnten; Drehbuchaufträge von ihnen wären ebenfalls günstig.[191] So begann das Gerangel um die Marilyn Monroe Productions zwischen den Menschen, die Marilyn umgaben und sich gegenseitig nicht leiden konnten: Milton Greene, den Strasbergs und Arthur Miller. Marilyn stand dazwischen und wollte es allen recht machen.

Während die Londoner Zeitungen ihr huldigten, die englischen Fans sie beinahe überrollten und Marilyn einmal in der Regent Street beim Einkaufen sogar in eine Ohnmacht stürzten, behandelte Sir Laurence die amerikanische Schauspielerin absolut herablassend, als er sie am ersten Tag der Proben seinen alten Theaterkollegen vorstellte: *Er wollte freundlich sein, kam mir aber vor wie einer, der gerade ein Elendsviertel besuchte*[192], kommentierte Marilyn seine Haltung. Später war Olivier dann erstaunt und mit seinen britischen Alt-Stars darin einig, daß Miss Monroe ein großes Talent sei. Doch zunächst hatte er panische Angst um seine Vormachtstellung – war Marilyn doch mit einem ganzen Troß von Vertrauten und ihrer eigenen Firma angereist. Milton Greene, der streng ihr Äußeres überwachte, damit sie nicht wieder im Klischee der Sexbombe steckenblieb, versorgte den Star gleichzeitig mit Tablettenmengen, die höchst gefährlich waren.

Eine besonders harte Enttäuschung erlebte sie während der Dreharbeiten durch Arthur Millers Verhalten. Dieser konnte mit ihren Launen, ihrer Neigung zu Selbstzerstörung und Verzweiflung schon kurz nach der Heirat nicht mehr umgehen. Er fand zwar auch Oliviers herablassendes und rivalisierendes Benehmen verletzend für Marilyn, aber ihre Reaktionen darauf unverständlich. Jedenfalls schrieb er während der Dreharbeiten seine Gefühle dazu in ein Tagebuch, das er im gemeinsamen Domizil, einem englischen Herrenhaus, offen liegenließ. Marilyn las es und erzählte den Strasbergs davon: *Es stand etwas darin, wie enttäuscht er von mir sei. Daß er geglaubt habe, ich sei eine Art Engel, doch nun fühle er sich getäuscht [...]. Olivier beginne zu glauben, ich sei eine schreckliche Hexe, und Arthur selbst habe keine richtige Antwort mehr darauf.*[193]

Das Lesen des Tagebuchs durch die Schauspielerin war der Anfang vom Ende dieser Künstlerehe, der großen Hoffnung Marilyns – schon drei Wochen nach der Eheschließung. Hinzu kamen Spannungen zwischen Miller und den Greenes und die offene Verachtung, die ihr Ehe-

Mit Laurence Olivier, in einer Szene aus «The Prince and the Showgirl», 1957

mann für ihre Lehrer Lee und Paula Strasberg zeigte. Durch diese Probleme und den immensen Medikamentenkonsum war die Schauspielerin in denkbar schlechter Verfassung. Gegen Ende der Dreharbeiten erfuhr Marilyn dann, daß sie schwanger war, und freute sich darüber. Miller tat dies weniger, denn er hatte schon zwei Kinder, für die er sorgen mußte. Nach einigen Wochen erlitt sie eine Fehlgeburt und war sehr deprimiert.

Erleichtert war sie nur über das Ende der Dreharbeiten, genau wie der Regisseur und männliche Hauptdarsteller Olivier. Dabei spielte sie exzellent, eine ihrer besten Rollen: Elsie Marina, eine Tänzerin, die einen zynischen Balkanfürsten durch ihre Menschlichkeit und Hartnäckigkeit für sich gewinnt. Marilyn hat nicht einmal vor der Presse über die Regie oder die Dreharbeiten geklagt – im Gegenteil, sie rühmte ihren Regisseur und Partner. Dennoch kursierte in Amerika das Gerücht von der drogensüchtigen, undisziplinierten Diva, mit der man kaum noch arbeiten könne. Diese Meldungen sollten in den nächsten Jahren nicht mehr abreißen, obwohl «Bus Stop» und der englische Film Höhepunkte von Marilyns Schauspielkunst waren. In England wurde sie weiterhin von der Presse gefeiert, und bei einem Empfang begrüßte die gleichaltrige Queen Elizabeth sie mit freundlichem Interesse.

Als die Millers am 22. November 1956 wieder in New York ankamen, brachen alle ungelösten Probleme über beide herein. Marilyn wurde von Selbstzweifeln, ihren Ängsten und einer tiefen Müdigkeit und Enttäuschung überrollt. Miller hatte kein größeres Projekt. Zum Jahreswechsel flog das Ehepaar deshalb nach Jamaika, um sich zu erholen.

Das neue Jahr 1957: Die Schauspielerin versuchte, Ruhe in ihr Leben zu bringen, das Leben einer jüdischen Ehefrau zu spielen, was nicht nur subjektiv schwierig war, sondern auch objektiv. Denn bei allen Problemen, die es in der Firma durch Streit und gegenseitiges Mißtrauen für Marilyn gab – sie verdiente damit Geld und unterstützte Miller, der sich weiterhin in einer Schaffenskrise befand. Er arbeitete nur noch unregelmäßig, was gewiß auch mit einer enormen Verunsicherung durch Marilyns Psyche und das Chaos, das in sein Leben hereingebrochen war, zusammenhing, wie er in seinen Erinnerungen betont. Marilyn begann eine neue Wohnung für beide in New York einzurichten. Ihr Mann suchte Stoffe für dramatische Arbeiten oder Drehbücher. Im Sommer verbrachten sie ihre Zeit in einem gemieteten Häuschen auf Long Island und kauften schließlich ein Landhaus in Connecticut. Die Schauspielerin ging während der einjährigen Arbeitspause fünfmal in der Woche zu ihrer Analytikerin Hohenberg und nahm ihre Privatstunden bei Strasberg wieder auf. Doch angesichts der Schwierigkeiten mit Milton Greene wurde ihr Bedürfnis immer größer, die Therapeutin zu wechseln.

Durch Anna Freud, die Tochter Sigmund Freuds, die sie in London während der Dreharbeiten konsultiert hatte, bekam Marilyn Kontakt zu der streng freudianisch ausgerichteten Amerikanerin Marianne Kris, einer Kinderfreundin Anna Freuds. Dies war der Beginn einer vierjährigen intensiven und zum Teil für die Schauspielerin äußerst verletzenden Beziehung. Die Kindheit hatte für diese Analytikerin eine absolute Schlüsselfunktion. Marilyn selbst sagte dazu: *Es ging nicht darum, welchen Weg ich einschlagen sollte, sondern woher ich komme. Aber woher ich kam, wußte ich ja. Ich wollte wissen, ob ich irgend etwas davon gebrauchen konnte für das, was mir vorschwebte!* [194] Und Lee Strasberg verdoppelte nach wie vor diese Introspektion mit seiner Arbeit. Er ließ sie in seinen Übungen das verlassene Waisenkind, das hungrige Mädchen, das verwirrte Schulmädchen spielen.

Zusätzlich wurde Marilyns Dilemma verschärft, indem niemand etwas gegen ihren Tablettenkonsum unternahm – auch Marianne Kris sah weg. Freunde bemerkten immerhin, daß sie zunahm, zuviel trank und oft unter Infekten litt. Langsam geriet der Star auf der Höhe des Erfolgs in eine festgefahrene und lähmende Situation, die zeitweise in schweren Depressionen gipfelte.

Ab April 1957 kam es zum großen Streit zwischen Greene und Marilyn über die Filmfirma, der auch öffentlich ausgetragen wurde. Die Geschäftsführerin Monroe gefährdete damit alles, was sie mit Greenes Hilfe aufgebaut hatte. Sie handelte dabei offensichtlich gegen ihre eigene Intuition[195], aber ganz im Sinne Millers. Milton Greenes Freunde in der Geschäftsleitung wurden schließlich durch Freunde von Miller ersetzt. «Marilyn Monroe und Milton Greene trafen nie wieder zusammen. Rechtsanwälte stritten sich ein Jahr herum, bis sie schließlich seine Anteile für 100 000 Dollar ankaufte – seine gesamte Entschädigung für zwei Jahre Arbeit.»[196]

Vom 13. bis zum 24. Mai 1957 fand die Gerichtsverhandlung gegen Arthur Miller in Washington statt. Das Gericht erkannte den Dramatiker für schuldig, in zwei Anklagepunkten 1956 die Aussage verweigert zu haben. Zwei Jahre Gefängnis und 2000 Dollar Geldstrafe drohten dem Schriftsteller. Doch er ging in die Berufung.

Im Herbst begann Arthur Miller an einem Drehbuch für Marilyn zu schreiben, was sie aufmuntern und stärken sollte. Er hatte eine erfolgreiche Kurzgeschichte «The Misfits» veröffentlicht und war von Profis ermuntert worden, sie doch zum Filmskript auszubauen. Für ihn, aber auch für Marilyn war dies eine große Chance. Sie hoffte, mit einer guten Rolle einen Neuanfang in Hollywood machen zu können. Doch Miller hatte große Schwierigkeiten mit dem Drehbuch, für das sich der Regisseur John Huston interessierte.

Marilyn stellte sich zu dieser Zeit völlig zurück und las seine Entwürfe, ermutigte ihn und munterte ihn auf. Aber jetzt bekam er Depressionen, denn er glaubte, nicht mehr schreiben zu können. Es herrschte eine aggressive Stimmung in ihrem Haus auf dem Lande. Der gemeinsame Freund Norman Rosten schrieb von einer «Fassade ehelicher Harmonie. Er versteckte sich, denn er war unkonzentriert und fahrig wie nie zuvor»[197]. Die Alkoholprobleme Marilyns wurden stärker. Sie nahm weiterhin zu und trug, wie die Presse indigniert bemerkte, Sackkleider.

Inzwischen hatte Hollywood, weil Marilyn nicht mehr die alten Rollen spielen wollte, damit begonnen, sich Ersatz-Blondinen zu schaffen: ihr Gang, ihr Charme sollten kopiert werden – was nie gelang.

Im Mai 1958 schickt Billy Wilder der Monroe das Exposé eines Drehbuchs: «Some Like It Hot» («Manche mögen's heiß»), eine schwungvolle Komödie aus der Zeit der Roaring Twenties. Ihre Rolle: Sugar Kane, eine liebenswerte Ukulele-Spielerin, mit eigenen Songs und viel komödiantischem Esprit. Ein angemessenes Gagenangebot und ihr Vertrauen in Billy Wilders Genie ließen sie zusagen – auch wenn ihr eigentlich nicht nach Komödien der Sinn stand. Arthur Miller sollte inzwischen, während

Mit Jack Lemmon in «Some Like it Hot», 1959

sie drehte, das Buch für «The Misfits», den ernsten Film mit der großen Frauenrolle, beenden.

Als Marilyn am 7. Juli zum Drehort reiste, war Paula Strasberg wie immer dabei. Die Arbeit am Set begann zunächst sehr harmonisch. Wilder lobte sie als gereift. Paula Strasberg gab Marilyn Sicherheit – und die Nachricht, daß Miller in Washington in der Berufung freigesprochen wurde, erleichterte sie. Mit der Zeit aber gab es heftige Probleme unter den Hauptdarstellern. Tony Curtis und Jack Lemmon kritisierten Marilyn wegen ihrer Unpünktlichkeit und ewiger Wiederholungen. Tony Curtis soll geäußert haben, sie zu küssen sei wie mit Hitler Zärtlichkeiten auszutauschen. Auch Wilder stöhnte bald und äußerte sich öffentlich nicht sehr freundlich über sie. Das korrigierte er erst nach ihrem Tod.[198]

Es stellte sich heraus, daß Marilyn trotz ihrer neuen Unabhängigkeit große Angst vor einer Demütigung durch Hollywood hatte. Sie fühlte, daß sie mit der Rolle der Sugar zurückgekehrt war zu ihren Anfängen. Daß dies nur an der Oberfläche stimmte, konnte sie damals noch nicht sehen. Gerade wieder arbeitend, richtete sich ihr Sinn schon auf ein anderes Leben. «Sie erzählte mir oft, daß sie sich nach einem Kind sehnte, doch ich warnte sie, daß sie ein Baby mit ihrem Alkohol- und Tablettenkonsum umbringen würde», berichtete ihr Gynäkologe Leon Krohn.[199]

Parallel zu den Filmarbeiten gab es Fototermine, bei denen Marilyn wie immer die Sicherheit selbst war. Vor den Kameras des «Life»-Fotografen Avedon interpretierte sie in langen Sessions alte Stars wie die Dietrich oder Jean Harlow, ihr großes Idol. Arthur Miller verfaßte einen Huldigungsessay zu den Fotos für «Life», den schönsten und positivsten Text, der je über sie geschrieben wurde.[200]

Im Laufe des Monats September besuchte Miller sie bei den Dreharbeiten und brachte endlich eine positive Reaktion von Huston auf sein Drehbuch mit. Nun konnten beide auf den Film hoffen, der alles besser machen sollte, «The Misfits» («Nicht gesellschaftsfähig»).

In der zweiten Oktoberwoche erfuhr das Ehepaar, daß Marilyn wieder schwanger war, das dritte Mal während ihrer Verbindung. Zum Glück waren die anstrengendsten Aufnahmen von «Some Like It Hot» schon gedreht. Der Film wurde eine der besten Komödien Billy Wilders, ein Klassiker der Filmgeschichte und eine Glanzleistung aller Schauspieler, auch Marilyn Monroes. Befreiend wirkte in den moralisch so engen fünfziger Jahren das effektvolle Ausspielen der pulsierenden Zwanziger: der wilde Alkoholgenuß zur Zeit der Prohibition, das Spiel der freien Liebe, ja sogar die augenzwinkernde Akzeptanz männlicher Homosexualität. «Well, nobody's perfect» sind die Schlußworte eines Millionärs, der dachte, daß er mit Jack Lemmon eine lang begehrte Frau in seinen Armen halte.

Marilyn Monroe erlitt erneut eine Fehlgeburt. Dies war ihr letzter Versuch, ein Kind zu bekommen. An die Rostens schrieb sie voller Schuldgefühle: *Habe ich es vielleicht getötet, indem ich Amytal auf leeren Magen nahm?*[201] Wieder fiel sie Anfang des Jahres 1959 in eine Depression, die sie trotz aller Erfahrungen und trotz der therapeutischen Betreuung mit Schlaftabletten bekämpfte. Die Mittel, die sie nahm (Amytal und Nembutal), können selbst Depressionen auslösen. Dr. Kris verschrieb ihr Beruhigungsmittel gegen die Depression, ohne die Gesamtmenge der Tabletten zu kontrollieren. Marilyn Monroe begann, ihren Körper systematisch zu ruinieren, was die Ärzte nicht verhinderten. Zusätzlich zu den Tabletten bekam sie Einläufe gegen die Verstopfung, die die Medikamente hervorriefen, und um abzunehmen.

Am 30. September 1959 unterzeichnete sie einen Vertrag, der ihr endlich wieder einen interessanten Film versprach. Norman Krasna, der schon Drehbücher für Marlene Dietrich geschrieben hatte, arbeitete an einer Komödie mit musikalischen Einlagen und Tanz. Die männliche Hauptfigur sollte ein französischstämmiger New Yorker Geschäftsmann sein, der sich in eine kleine Schauspielerin verliebt und darum incognito in deren Theater mitspielt. George Cukor führte in diesem Film mit dem Titel «Let's Make Love» («Machen wir's in Liebe») Regie, und Yves Montand, von seinem Bekannten Arthur Miller empfohlen, sollte den Millionär spielen. Marilyns alter Berater Jack Cole begleitete sie in den schwierigen Szenen choreographisch. Und Marilyn befreundete sich mit Ralph Roberts, einem ehemaligen Schauspieler, den sie schon 1955 bei Strasberg kennengelernt hatte. Er arbeitete jetzt als Masseur für Schauspieler. Roberts, ein gebildeter, sensibler und warmherziger Mann, wurde einer der engsten Vertrauten für den Rest ihres Lebens.

Die Fox hatte das Ehepaar Miller für die Dreharbeiten im Beverly Hills Hotel in einem Appartement direkt neben Yves Montand und seiner berühmten Ehefrau Simone Signoret untergebracht. Marilyn und Miller hatten einen Waffenstillstand geschlossen und hofften, ein Erfolg mit «Misfits», von dem für sie beide viel abhing, könnte vielleicht ihre Ehe retten.

Marilyn erlebte allerdings bald schon eine neue große Enttäuschung: Miller selbst zerstörte sein positives kämpferisches Image, indem er sich als literarischer Streikbrecher betätigte. Er schrieb für die Fox das Drehbuch zu «Let's Make Love» um, während die Skriptautoren sich im Streik gegen die Studios befanden. Sie streikten wegen der neuen Fernsehnutzung von Filmen ohne Nachhonorierung der Darsteller. Yves Montand schrieb später: «[…] kam Miller eilends angereist, um einige Szenen umzuschreiben, kassierte einen Scheck (von der Fox) und beklagte sich, daß er seine Kunst prostituiere»[202]. Von nun an hatte Marilyn die Achtung vor ihrem Ehemann restlos verloren.

Dreharbeiten für «Let's Make Love», 1960. In der Mitte (mit verschränkten Armen) Yves Montand; dritte von rechts Marilyn Monroe

Zwischen Yves Montand und der Monroe begann, als beide zeitweise allein am Drehort wohnten, eine leidenschaftliche Affäre, die zumindest von Montand niemals als bedrohlich für seine Ehe angesehen wurde. Sie endete im Juli 1960. Über dieses Ende ist viel geschrieben und spekuliert worden, weil man darin den Anfang von Marilyns Verzweiflung, die schließlich zum Tod geführt habe, sehen wollte. Es stimmt zwar, daß Marilyn nach Abschluß der Dreharbeiten im Juni sehr einsam war und noch einmal versuchte, Kontakt mit Montand aufzunehmen. Das Einsamkeitsgefühl resultierte aber auch daraus, daß ihre Ehe schon vorher zerbrochen war und nun ihre neugewonnenen Freunde vom letzten Film wieder in alle Winde verstreut waren – zum Beispiel das Monroe-Double Evelyn Moriarity und der erwähnte Ralph Roberts.

In dieser Situation wandte sich Marilyn Monroe an einen Psychiater in Los Angeles, der ihr von Dr. Kris empfohlen worden war. Ab Frühjahr 1960 lag sie bei ihm fünfmal die Woche auf der Couch. Dr. Ralph Greenson, der bei vielen Hollywood-Stars beliebt war, faszinierten die Probleme der Prominenten. Unter seinen Patienten waren nicht nur Schauspieler, sondern auch Produzenten und andere Größen aus Hollywood. Ein Kernsatz im Credo des Psychiaters widersprach allen anerkannten Regeln seines Berufs und sollte verheerende Folgen für die Patientin Monroe haben, die mit 34 Jahren zu ihm kam. «Psychiater und Ärzte», schrieb er, «müssen sich bei ihren Patienten emotional engagieren, wenn sie eine verläßliche therapeutische Beziehung herstellen wollen.»[203] Der Psychiater verschrieb zudem ungehemmt Tranquilizer und Barbiturate oder ließ sie von den Internisten seiner Patienten beschaffen, als Parallelbehandlung zu seiner Therapie. In dem Aufsatz «Besondere Probleme bei der Psychotherapie reicher und berühmter Menschen»[204] beschrieb Greenson übrigens später seine Erfahrungen mit dem Star Monroe, wobei er so viele intime Einzelheiten nannte, daß es überflüssig war, ihren Namen zu verschweigen.

Die Dreharbeiten zu dem emotional hoch besetzten Film «The Misfits» begannen am 20. Juli 1960 in der Wüste von Nevada. Marilyn kam mit einer Tasche voller Medikamente an. Trotz dreijähriger Arbeit am Drehbuch hatte Arthur Miller das Skript noch nicht produktionsreif. Der Autor reiste mit an, um permanent am Buch weiterzuschreiben, während die Schauspieler ihre Rollen immer wieder neu einstudieren mußten, um sie am nächsten Tag zu spielen. Dies war eine ungewöhnliche Arbeitsweise, die selbst den alten Profi Clark Gable enervierte, Marilyn Monroe mit ihrer notorischen Unsicherheit um so mehr.

Das Drehbuch hatte keine richtige Geschichte, nur bedeutungsschwere Dialoge; es fehlten überzeugend gezeichnete Charaktere und eine spannende Handlung. Dem Autor geriet es vielmehr zum Abgesang auf seine Ehe. Die Figur, die Marilyn Monroe spielen sollte, Roslyn, bekam Dialoge in den Mund gelegt, die unmittelbar aus dem Leben der Schauspielerin stammten – und, was verschärfend hinzukam, aus dem Leben mit dem Drehbuchautor, der für sie etwas ganz Besonderes schaffen wollte. Einzelheiten ihrer Kindheitserinnerungen, ihrer Scheidungsverhandlung gegen DiMaggio[205] und eines sehr anrührenden Gesprächs über Marilyns Traurigkeit, das der Autor im Stadium der Verliebtheit mit ihr geführt hatte, wurden in das Skript eingearbeitet. Clark Gable, der Marilyns Partner war – womit ein Kindheitstraum für sie in Erfüllung ging[206] –, spricht im Film, wie einst Miller zu Marilyn, die Worte: «Was macht dich so traurig? Ich glaube, du bist das traurigste Mädchen, dem ich je begegnet bin.»[207]

Für Marilyn wurden jeden zweiten Tag Tabletten eingeflogen, die ihr immer neue Ärzte verschrieben. Ihr Psychiater Greenson besorgte ihr laut Ralph Roberts und Rupert Allan für jede Nacht völlig überhöhte Dosen des Schlafmittels Nembutal. (Und zwar 300 mg. Die Normaldosis

Bei den Dreharbeiten zu «The Misfits», 1960: Montgomery Clift, Marilyn Monroe und Clark Gable (vorn, v. l. n. r.), Eli Wallach, Arthur Miller und John Huston (hinten)

damals und heute: 100 mg.) Arthur Miller und der Produktionsstab unternahmen nichts dagegen – auch nicht gegen die zusätzlichen Spritzen von Ärzten während der Dreharbeiten. Dennoch schaffte Marilyn es, ihre Szenen letztlich noch rechtzeitig zu beenden.

Das Ehepaar redete privat nicht mehr miteinander, hatte getrennte Räume am Drehort. Arthur Miller begann eine Beziehung zu einer Standfotografin, der späterhin bekannten Inge Morath, die dann seine dritte Frau wurde. Marilyn wurde durch das nächtliche Arbeiten an neu geschriebenen Szenen noch mehr verunsichert, als sie es beim Filmen ohnehin schon war. Sie kam immer später zum Set. Außerdem gab es eine Reihe zusätzlicher widriger Umstände beim Dreh in der Wüste: die unerträgliche Hitze, die enge Verbindung von Huston und Miller, von der Marilyn sich ausgeschlossen fühlte, die Trink- und Spielsucht John Hustons, seine zynische Kälte und Unnahbarkeit als Regisseur. Er war ein solcher Egomane, daß auch Clark Gable, der ihn zunächst bewundert hatte, von ihm enttäuscht war.

Am 18. Oktober waren die Dreharbeiten in der Hitze von Nevada abgeschlossen. Danach gab es nur noch einige Studio-Takes in Hollywood. Marilyn hatte durch die Arbeit an diesem anstrengenden, später nicht einmal erfolgreichen Film die letzte Erkenntnis über ihre zerbrochene Ehe und auch über sich selbst gewonnen: *Mein ganzes Leben habe ich Marilyn Monroe gespielt, Marilyn Monroe, Marilyn Monroe. Immer habe ich versucht, alles besser zu machen, und was ist das Ergebnis: Ich spiele doch nur die Imitation meiner selbst. Ich möchte so gern etwas anderes tun. Das war es, was mich zu Arthur hinzog. [...] Als ich ihn heiratete, hatte ich die Vorstellung, daß ich es schaffen würde, durch ihn von Marilyn Monroe wegzukommen, und nun bin ich wieder da und mache wieder dasselbe.*[208]

Nach dreizehn Jahren Kampf und Arbeit war sie noch immer nicht an ihre eigenen Vorstellungen von Filmrollen herangekommen. 29 Filme hatte sie jetzt gedreht, in einem knappen Dutzend davon die Hauptrolle gespielt. Mit 34 Jahren war sie einerseits reifer geworden – und gleichzeitig, wie ihre Freunde betonen, sehr müde. Aber sie war immer noch stark genug, sich aus einer unbefriedigenden Lebenssituation zu befreien – diesmal aus der Ehe mit Arthur Miller. In der letzten Oktoberwoche zog er auf ihren Wunsch aus dem gemeinsamen Apartment im Beverly Hills Hotel aus.

Marilyn war wieder allein. Die Fortsetzung ihrer Therapie bei Greenson verstärkte gleichzeitig ihre Depressionen und ihre Abhängigkeit von diesem Mann. Außerdem wurde sie weiter von dem Psychiater und ihrem Internisten Engelberg mit Barbituraten versorgt. Greenson band sie immer mehr in seine Familie ein, und «so begann eine besitzergreifende, groteske Kontrolle der Patientin durch ihren Therapeuten»[209]. Greenson äußerte sich später so: «Ich war ihr Therapeut, der gute Vater, der sie nicht enttäuschen durfte und der ihr zu Einsichten verhelfen sollte, und wenn nicht zu Einsichten, dann wenigstens zu Freundlichkeiten.»[210]

Außer der Trennung von Arthur Miller gab es weitere schmerzliche Veränderungen in der Umgebung von Marilyn Monroe, die ihre Abhängigkeit von Greenson verstärkten. Ihr Freund Rupert Allan verließ ihren Umkreis; ihre Sekretärin May Reis kündigte, weil sie nicht mehr die Nerven hatte, so eng mit dem Star zusammenzuarbeiten. Statt ihrer kam Patricia Newcomb als neue persönliche Pressereferentin – später dann noch eine private Krankenschwester, die eine ungute Rolle spielen sollte.

Ab Dezember 1960 ist sie wieder in New York, nimmt erneut ihre Therapie bei Marianne Kris auf und ihre Stunden im Actors Studio. Am 20. Januar 1961 wird das Ehepaar Miller geschieden – mit Bedacht am Termin für die Amtseinsetzung des neuen US-Präsidenten John F. Kennedy, damit sich die Presse für ihn und nicht für Marilyn Monroe interessiere.

# 4. Enttäuschung, Krise und neuer Mut

Februar 1961: Marilyn Monroe hat ihre dritte Scheidung und größte Enttäuschung hinter sich und muß erleben, daß der Film, auf den sie alle Hoffnungen gesetzt hatte, ein Reinfall ist. Beide zuletzt gezeigten Filme, auch «Let's Make Love», wurden weder von der Kritik noch vom Publikum angenommen.

Am 1. Februar versinkt die Schauspielerin in eine so abgrundtiefe Depression, daß ihre Analytikerin Kris sie in die geschlossene Abteilung des New York Hospital[211] einweisen läßt – ohne ihre Patientin vorzuwarnen. Diese erwartet einen Erholungsaufenthalt, um wieder zu Kräften zu kommen, und ist plötzlich eingesperrt. Es war der größte Schock in ihrem erwachsenen Leben. Sie schreibt verzweifelte Hilferufe an die Strasbergs, die ihr nicht helfen können. Ihr wird mit der Zwangsjacke gedroht, als sie die verschlossene Glastür zur Toilette demoliert, weil keiner ihr hilft, dorthin zu gelangen. Schließlich darf sie telefonieren und erreicht, nachdem mehrere Freunde in New York nicht zu Hause sind, Joe DiMaggio in Florida. Sie haben sich sechs Jahre nicht gesehen. DiMaggio kommt sofort und holt sie aus der Klinik heraus. Das vergißt sie ihm niemals.

Als sie mit seiner Hilfe in eine wirkliche Erholungsklinik kommt, schreibt sie einen langen Brief an ihren Therapeuten Greenson. Dieser Brief taucht erst 1992 wieder auf und beweist, daß Marilyn Monroe trotz der Krise in keiner Weise der Behandlung einer Schizophrenen und Suizidgefährdeten bedurfte, wie Dr. Kris für sie diagnostiziert hatte.[212] Als

Frank Sinatra

die Schauspielerin am 5. März die Kurklinik verließ, empfanden alle Beobachter sie als schön, erholt und schlank wie in jungen Jahren. Weil DiMaggio für sie jetzt der Retter in der Not und vor ihrer Einsamkeit war, verbrachten sie anschließend einen gemeinsamen Urlaub mit Schwimmen, viel Schlaf und gesundem Essen in einem abgelegenen Hotel in Redington Beach, Florida.

Ende April 1961 kehrt Marilyn Monroe allein nach Los Angeles zurück und mietet dort ein Apartment im North Doheny Drive, wo sie schon einmal 1952 gelebt hatte. An ihrem 35. Geburtstag im Juni geht sie mit Freunden essen und offenbart einem Londoner Journalisten ihr momentanes Lebensgefühl: *Ich bin sehr glücklich, daß ich dieses Alter erreicht habe. Ich spüre, wie ich erwachsen werde. Es war wunderbar, ein junges Mädchen zu sein, doch es ist noch viel schöner, eine Frau zu sein.*[213]

In diesem Sommer nahm sie ihre Liaison mit dem Sänger Frank Sinatra wieder auf, die schon 1955 sporadisch begonnen hatte. Es wurde eine enge Freundschaft mit großer Verliebtheit Sinatras, obwohl sie nicht seine einzige Freundin zu dieser Zeit war. Marilyn Monroe fand bei ihm Schutz, Bewunderung und Anerkennung. Sie trafen sich in seinem Haus in Los Angeles, gelegentlich in Las Vegas, wo er auftrat, oder auf seinem Anwesen am Lake Tahoe.

Am 29. Juni wurde die Schauspielerin zum fünftenmal innerhalb von zehn Monaten in eine Klinik gebracht. Diesmal mußte ihr in einer zweistündigen Operation die Gallenblase entfernt werden – die Ursache enormer Schmerzen, die sie bei den letzten Dreharbeiten neben den anderen Problemen gequält hatten. Diese Operation hinterließ eine große Narbe, die die gereifte Monroe im Gegensatz zum früheren Blinddarmschnitt nicht nur mit Fassung trug, sondern sogar bei Fotosessions nicht versteckte.[214] Wieder war Joe DiMaggio zur Entlassung aus dem Krankenhaus angereist, wobei Marilyn in Tränen ausbrach, weil ein Pulk aufdringlicher Fotografen sie vor der Klinik verfolgte und unbedingt in ihrem schlechten Zustand ablichten wollte.

Ihr Masseur und Freund Ralph Roberts war als Stütze bei ihr, als sie Anfang August wieder nach Los Angeles zurückkehrte, um ihre neue Lebensphase vom Psychiater Dr. Greenson begleiten zu lassen. Zu ihrer New Yorker Ärztin Kris hatte sie nach der Zwangseinweisung das Vertrauen verloren. Dr. Greenson, der ab jetzt mehr und mehr die Kontrolle über das Leben des Stars übernahm, mißfiel die enge Bindung an Roberts, er versuchte sie aufzulösen. Kollegen sahen Dr. Greensons Ambitionen kritisch, sogar sein Freund Dr. Robert Litman: «Er überschritt die üblichen Grenzen zwischen Patient und Arzt. Ich will damit nicht sagen, daß in der Beziehung etwas Unschickliches lag, doch die Gefahr bestand, daß er sie praktisch adoptierte und in seine Familie aufnahm. Das brachte ihn als Therapeuten in eine unmögliche Situation.»[215]

1956 hatte sich Darryl Zanuck als Produktionschef aus der Firma Fox zurückgezogen. 22 Millionen Defizit lasteten auf dem Studio, als es im November 1961 Marilyn Monroe zum Gespräch bat. Sie habe noch die Verpflichtung, zwei Filme zu den alten Vertragsbedingungen abzuliefern. So wurde sie Ende des Jahres für einen Film angefordert, den George Cukor drehen sollte, der schon mit Marilyns vorletztem Film «Let's Make Love» keine glückliche Hand bewiesen hatte. Nun sollte er ein schwaches, klischeehaftes Drehbuch umsetzen, einen Komödienstoff von 1940. Der Titel, einem Fred-Astaire-Song entlehnt, hieß: «Something's Got to Give». Von Anfang an stand ein schlechter Stern über diesem Unternehmen. Aber Dr. Greenson war der Meinung, der Film *wäre gut für mich,* so Marilyn Monroe gegenüber Ralph Roberts.[216] Henry Weinstein, ein junger Produzent von Fernsehserien aus New York, ersetzte den filmerfahrenen Produzenten der Fox, David Brown. Ralph Greenson hatte diesen Schritt bewirkt, Weinstein war ein Freund und Bewunderer von ihm.

Greenson wiederum bekam einen Job als Spezialberater und Ratgeber von Marilyn bei diesem Film. Er installierte außerdem eine angelernte Krankenschwester und Haushälterin im Leben seiner prominenten Patientin, die vorher bei ihm gearbeitet hatte. Eunice Murray, eine Witwe, hatte er als Ersatz für den Masseur Roberts auserkoren, als ständige Begleiterin und Kontrolleurin im Hause Monroe. Sie gab dem Psychiater hinter Marilyns Rücken regelmäßig Rapport.

Marilyn Monroes Abhängigkeit von dem Psychiater wuchs immer mehr. Weihnachten verbrachte sie in der Familie Greenson. Ende Januar 1962 hatte die vom Arzt dazu aufgeforderte Haushälterin für ihre Chefin ein Haus in Los Angeles gefunden, im spanischen Stil wie das des Psychiaters. Es lag zwischen den Fox-Studios und dem Haus Greensons am 12305 Fifth Helena Drive. Marilyn kaufte es, obwohl ihr *elend zumute [war], weil ich ganz für mich allein ein Haus kaufte*[217]. Aber ihr Therapeut war der Meinung, daß es sie von ihren Verlustgefühlen befreien könnte, an denen sie leide, weil sie kein Kind und keinen Mann habe.

Im Frühjahr 1962 verstärkten sich Gerüchte in Marilyns Umgebung, sie habe eine intensive Beziehung mit John F. Kennedy. Wahr ist, daß sie den jungen Präsidenten sehr reizvoll fand und ihn dreimal auf Gesell-

Robert Kennedy, Marilyn Monroe und John F. Kennedy, 1962

schaften sah, einmal allerdings auch in einem Bett mit ihm lag. Ihre Treffen fanden zwischen Oktober 1961 und August 1962 statt.[218] Kennengelernt hatte sie ihn bei den Lawfords, mit denen sie befreundet war. Patricia, die Frau des Schauspielers Peter Lawford, war eine Schwester John F. Kennedys. Das Ehepaar lud Marilyn zu einem Abendessen zu Ehren des Präsidenten ein. Das einzige intime Treffen wird von Ralph Roberts bestätigt, der von Marilyn am 24. März 1962 angerufen wurde – aus Palm Springs, wo sie das Bett mit John F. Kennedy teilte. Marilyn erklärte ihm, wo sie sei, und befragte ihn zu den Rückenbeschwerden des Präsidenten.[219]

Später, nach dem mysteriösen Tod des Stars, tauchten dann Aussagen und Artikel auf, sie habe anschließend und zeitweise sogar parallel auch eine Beziehung mit Robert Kennedy, dem Justizsenator, gehabt. Mit Bob Kennedy, mit dem sie fraglos etliche Male telefonierte, auch über persönliche Angelegenheiten, hat es jedoch nach den neuesten Recherchen keine Liaison, nicht einmal ein erotisches Abenteuer gegeben.[220]

Am 3. März 1962 bekam die Schauspielerin, über die außer zu ihren Klinikaufenthalten seit über einem Jahr nichts mehr in der Presse gestanden hatte, zum zweitenmal den «Golden Globe» verliehen, den Preis der Hollywood Foreign Press Association als «beliebteste internationale Schauspielerin».

Bei der Gala, die sich der Verleihung anschloß, gab es Entgleisungen der Künstlerin, die auf Alkohol, aber auch auf zu hohe Dosen starker Medikamente hinwiesen, so daß eine beklemmende Stille im Saal herrschte. Diese Stille drückte zum erstenmal im Leben des Stars nicht Bewunderung, sondern schlichtes Entsetzen aus. DiMaggio kam sofort, als er hörte, was sich wie ein Lauffeuer herumsprach: die Monroe sei am Ende. Er erfuhr, daß die Schauspielerin mit den Medikamenten eine erneute Hochspannung zu unterdrücken versuchte, die das nahende Filmprojekt bei ihr auslöste. Sie hatte Angst vor dem neuen Film, der ihre erste Beschäftigung nach geraumer Zeit und vielen Krankheiten sein sollte. Kurz zuvor war ihr mitgeteilt worden, daß der renommierte Drehbuchautor Nunally Johnson die Arbeit aufgekündigt hatte, weil das Drehbuch zu «Something's Got to Give» in seinen komplizierten Strängen nicht zu einem befriedigenden Schluß zu bringen sei.

In dieser Situation flüchtete die Schauspielerin wie ein Kind unter das Dach von Dr. Greenson. Im oberen Teil seiner spanischen Villa, der als Krankenstation ausgebaut war, blieb sie einige Tage. Sie wurde mit Medikamenten ruhiggestellt, weil Greenson überzeugt war, sie habe einen Nervenzusammenbruch. Der Psychiater versuchte, den angereisten Joe DiMaggio daran zu hindern, die Patientin zu sehen. Doch nachdem der Ex-Ehemann Marilyn oben hatte laut rufen hören, verschaffte er sich höflich, aber bestimmt Zugang. Joe DiMaggio holte Marilyn wie ein Jahr zuvor aus der New Yorker Klinik auch bei Dr. Greenson heraus, besorgte ihren Umzug vom Doheny in den Helena Drive und blieb bis zum 14. März als Gast und Freund in ihrem neuen Haus.

Danach sorgte wieder Ralph Roberts für sie, der aus New York angereist war. Er massierte sie, sprach mit ihr und brachte wie immer einen großen schwarzen Sergestoff an ihren Schlafzimmerfenstern an, damit sie schlafen konnte. Seit dem New Yorker Psychiatrieaufenthalt war keine Tür in Marilyns Räumen mehr verschließbar. Eunice Murray quartierte sich im neuen Haus ein und brachte gleichzeitig ihren Schwiegersohn und zwei seiner Freunde für Arbeiten in Haus und Garten unter. Sie riß alle wichtigen Arbeiten an sich, lebte dort wie im eigenen Heim und ging mit Marilyn, die auch noch den Vornamen mit ihrer Tochter gemeinsam hatte, wie eine strenge Mutter um.

Am 11. März wurde endlich die sechste Bearbeitung des Drehbuchs «Something's Got to Give» in Angriff genommen, diesmal von Walter Bernstein. Marilyn versuchte, mit Vorschlägen zu helfen. Der Autor fand sie witzig, charmant, ihre Arbeit exakt und voll präziser Ideen. Obwohl stark angeschlagen infolge einer Virusgrippe, bezähmte die Schauspielerin bei diesem Treffen ihren Infekt.

An einem der folgenden Wochenenden erschien sie in Palm Springs, im Haus von Bing Crosby, der mit den Kennedys befreundet war. Bei diesem Anlaß verbrachte sie ihre einzige Nacht mit John F. Kennedy. Und hier lud sie der Präsident auch zu seiner im Mai anstehenden, legendär gewordenen Geburtstags-Gala im Madison Square Garden ein.

Am 23. April 1962 begannen die Dreharbeiten für «Something's Got to Give». Als es an die Kostüm- und Make-up-Proben ging, fiel allen Mitarbeitern «die Klarheit des Ausdrucks, die Ausstrahlung und der Wille, hart zu arbeiten»[221] bei Marilyn Monroe auf. Die Dreharbeiten selbst sollten sich dann nicht sehr von denen der früheren Monroe-Filme unterscheiden: alle Schwierigkeiten und Ängste Marilyns und alle positiven Überraschungen, wenn die Kamera lief, traten wieder zutage. Trotz Nebenhöhlenentzündung arbeitete sie, bis es nicht mehr ging. Dann schickte ihr das Studio ans Krankenlager täglich neue veränderte Szenen, die sie diszipliniert mit Paula Strasberg einstudierte.

Schon im April hatte die Filmfirma Marilyn und anderen Mitarbeitern erlaubt, am 17. Mai ab halb zwölf Uhr mittags freizunehmen, um zu John F. Kennedys Geburtstagsfest nach New York zu fliegen. Am 10. Mai brach Dr. Greenson, obwohl als persönlicher Berater bei diesem Film bezahlt, mit seiner Frau zu einer fünfwöchigen Urlaubsreise auf – was Marilyn sehr verstörte und vielen in ihrer Umgebung unverständlich war. Der Psychiater gab seiner Patientin als Ersatz für sich, wie er es aus-

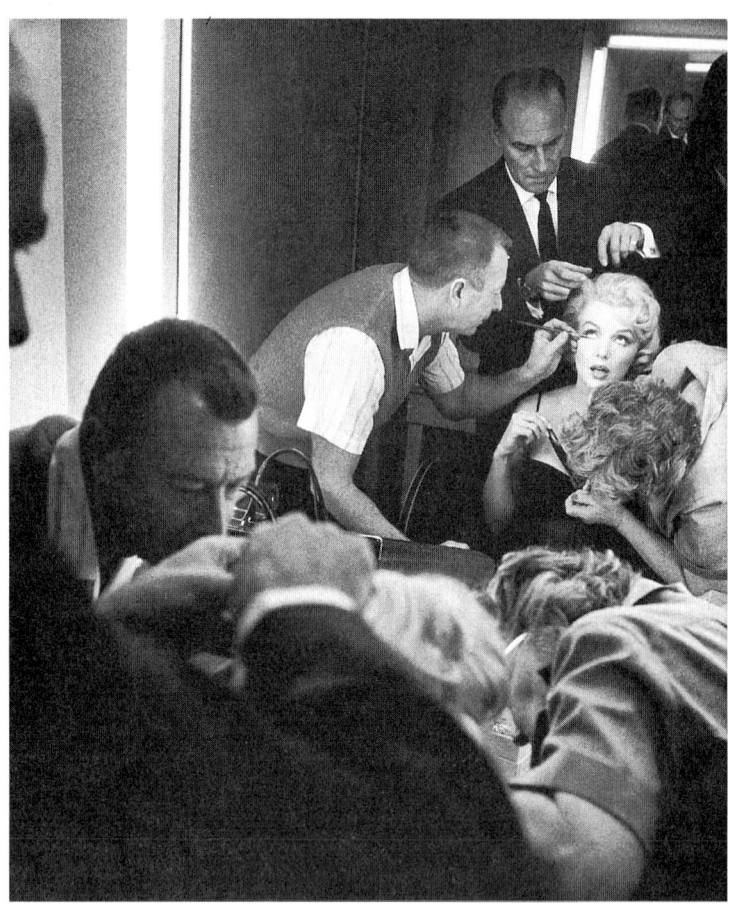

drückte, ein Mittel, Dexamyl, das zusammen mit einem Sedativum stark antidepressiv wirkt. Es war ein «Amphetamin kombiniert mit einem rasch wirkenden Barbiturat, also ein Aufputsch- und Beruhigungsmittel in einem»[222]. Der Psychiater empfahl außerdem bei seiner Abreise, Paula Strasberg aus der Produktion zu entfernen, weil sie die Schauspielerin nur ausnutze. Marilyn tat dies nicht, obwohl sie sich auch nicht offen für ihre Lehrerin stark machte. Sie entließ in Greensons Abwesenheit statt dessen Eunice Murray, über deren Verhalten die Schauspielerin sich immer mehr ärgerte.

Ab dem 14. Mai wurde weiter am Film gearbeitet, wobei das Ende immer noch nicht feststand und Greenson als Halt für die Hauptdarstellerin fehlte. Obwohl ihr Infekt keineswegs ausgeheilt war, wollte Marilyn am 17. Mai unbedingt im Madison Square Garden ein Ständchen zu Ehren Jack Kennedys bringen. Doch plötzlich beschloß Fox-Manager Milton Gould in New York, den Star zu entlassen, wenn sein Stellvertreter im Studio, Peter Levathes, sie nicht von der New-York-Reise abhalten könne.[223] Der Grund war, daß man hoffte, mit dem juristischen Argument eines Vertragsbruchs drei Millionen Dollar durch eine Versicherung einnehmen zu können, und zugleich den Film rechtzeitig stoppen wollte, der enorme Schulden zu verursachen drohte. Während Marilyn nach New York flog, weil sie nichts von allem ahnte, zeigten die Fox-Anwälte am 16. Mai schon den angeblichen Vertragsbruch bei Gericht an. Die Nachricht erreichte die Schauspielerin erst in New York; sie soll geschäumt haben vor Wut.

Trotzdem trat sie – scheinbar unbekümmert – im Madison Square Garden im hauteng geschnittenen, straßfunkelnden Kleid auf, das auf einen rosa Bodystocking genäht war. Sie wollte Marlene Dietrich nachahmen, nur gewagter als diese. Die Schauspielerin kam viel zu spät zu ihrem Auftritt, doch das Publikum wartete geduldig, und Peter Lawford kündigte sie dem «Dear Mr. President» zweideutig als «the late Marilyn Monroe» an.[224] Marilyn hauchte ihr *Happy Birthday, Mr. President* so erotisch ins Mikrophon, daß mancher hellhörig wurde, welche Beziehung den Gefeierten und die Gratulantin wohl verbinde. Der gesamte Gala-Abend, bei dem sie anschließend noch zu einem Festessen mit ihrem ehemaligen Schwiegervater Isadore Miller eingeladen wurde, den sie dem Präsidenten vorstellte, war ein wichtiger Höhepunkt im Leben der Marilyn Monroe. Sie wurde auf höchster gesellschaftlicher Ebene akzeptiert, und in gewisser Weise ging auch ihr Kindheitstraum in Erfüllung: die Nacktheit, die exhibitionistisch und ohne Scham triumphierte, aber niemanden verletzte.

Als Marilyn Monroe am 20. Mai von der Gala zurückkehrte, war ihre Haushälterin Murray wieder da und tat so, als sei sie nie entlassen worden. Marilyn widersprach nicht und ließ sich das Abendessen zubereiten. Einen Abfindungsscheck hatte die Krankenschwester wortlos als Urlaubsgeld kassiert. Von nun an blieb sie bis zu Marilyn Monroes Tod deren Schatten im Haus am Helena Drive.

Als die Schauspielerin am 21. Mai wieder am Set erschien, standen die Dreharbeiten unter dem Druck, der Film könnte abgebrochen und die Hauptdarstellerin gefeuert werden. In dieser heiklen Situation kam die Schauspielerin, die alles tun wollte, um den Film zu retten, auf die werbewirksame Idee, die Presse einzuladen und zum erstenmal mit Nackt-

Werbeaufnahme für «Something's Got to Give», 1962

fotos des Stars zu locken. Sie posierte teils im Bademantel, teils unbekleidet. Dies sollte suggerieren, sie träte auch im Film nackt auf – dabei hatte sie während der Dreharbeiten einen fleischfarbenen Bikini getragen. Die Vorstellung gefiel den Produzenten; die Fotos sind berühmt geworden, obwohl sie nie als Werbung für den Film eingesetzt werden konnten, weil dieser nicht fertig wurde.

Am 1. Juni 1962 wurde Marilyn Monroe 36 Jahre alt. Abends nach Drehschluß erlaubte der Regisseur eine Geburtstagsfeier auf Kosten der Produktion. Vorher aber mußte die Szene beendet sein, die der allerletzte Filmauftritt Marilyns werden sollte. Nach einer angespannten Kurzfeier im Studio absolvierte der Star, scheinbar gelöst, noch einen Auftritt bei einer Wohltätigkeitsveranstaltung. Danach allein zu Hause, muß sie in einen Abgrund gestürzt sein. An diesem Abend war ihr wohl endgültig klar geworden, daß man den Film sterben lassen wollte und sie von Anfang an benutzt hatte. Sie fühlte sich in dieser Situation von ihren Kollegen ebenso verraten wie von den Studio-Gewaltigen. «Was an dem Wochenende geschah, weiß ich nicht, aber für mich war es wichtiger als das Wochenende, an dem sie starb»[225], sagte der junge Produzent und Greenson-Protegé Weinstein später.

Marilyn Monroe rief in ihrer Verzweiflung die Kinder von Greenson an, die, wie der Vater mit ihnen besprochen hatte, sofort den Psychologen Milton Wexler benachrichtigten. Der fand bei der Schauspielerin «eine ungeheure Menge Sedativa auf ihrem Nachttisch und fegte sie alle in seine schwarze Aktentasche»[226], so die Haushälterin Eunice Murray. Die Patientin erlebte er als ungeheuer deprimiert, schwindlig und desorientiert – «klassische Anzeichen für eine Dexamyl-Überdosis»[227], die sie sich, von Greenson für sie deponiert, einverleibt hatte. Am Morgen nach dieser Nacht wurde ein anderer Arzt herbeigerufen, um ihr Sedativa zu verabreichen.

Am folgenden Tag verweigerte Marilyn ihre Arbeit beim Dreh mit der Begründung, daß sie unter dem ständigen Kündigungsdruck nicht arbeiten könne. Cukor produzierte noch zwei Seiten des Drehbuchs an diesem Tag ohne den Star – dann wurde die Arbeit an dem Film eingestellt. Am 5. Juni rief das Studio abends Marilyns Anwalt Rudin an und drohte mit einer Klage wegen Vertragsbruchs. Milton Rudin äußerte Verständnis für die Situation der Fox; er forderte Dr. Greenson aus dem Urlaub zurück, damit er schlichten käme. Der kam tatsächlich sofort aus Europa nach Los Angeles und ging zuerst zu seiner Patientin. Voller Wut schrieb Greenson von diesem Treffen an seine Freundin Lucille Ostrow, daß die Monroe kurz nach seiner Rückkehr Erleichterung über den Abbruch der Dreharbeiten geäußert habe und es ihr schlagartig besser gehe; «er habe nun seinen übrigen Patienten abgesagt und sähe nur noch diese Schizophrene wieder regelmäßig»[228].

Am nächsten Tag ereignete sich laut Aussage eines bekannten Schönheitschirurgen aus Beverly Hills, den Marilyn schon einmal aufgesucht hatte, eine mysteriöse Geschichte: Greenson kam mit seiner aufgelösten Patientin zu ihm zur Untersuchung; sie sprach kaum, der Psychiater beantwortete die Fragen des Chirurgen. «Auf ihren beiden unteren Augenlidern fanden sich, nur schlecht von Make-up überdeckt, [...] Blutergüsse. Die Geschichte, die mir Greenson erzählte, war, sie sei in ihrer Dusche gewesen, ausgerutscht und hingefallen. [...] Aber es ist auch möglich, daß man ihr ins Gesicht geschlagen hat.»[229]

Dr. Greenson benachrichtigte das Studio, daß seine Patientin diese Woche nicht zur Arbeit kommen könne, aber «in der normalen Zeit den Film beenden»[230] würde. Von den Blutergüssen und dem Sturz erwähnte er nichts. Am nächsten Tag nahm Marilyn aufgrund ihres Aussehens nicht an dem wichtigen Verhandlungsgespräch mit dem Studio teil, bei dem es um das Schicksal des Films ging. Statt dessen erschien bei der Fox Dr. Greenson als ihr Interessenvertreter. Er betonte, er könne Marilyn zur Erfüllung aller vernünftigen Wünsche des Studios bewegen und sogar die Verantwortung für den gesamten kreativen Bereich des Films übernehmen. Das Studio sah das Ganze nur als Formalität. Es legte keinen Wert mehr auf die Beendigung des Films und teilte Marilyns Rechts-anwalt Rudin mit, die Firmen-Chefin habe den Vertrag gebrochen – nun seien alle rechtlichen Mittel angezeigt. Am 9. Juni, einen Tag nach die-sem Gespräch, hatte die Fox schon die Klage gegen die Marilyn Monroe Productions eingeleitet, Streitwert 500 000 Dollar.

Als Marilyn die Nachricht erreichte, war sie schockiert. Offiziell hieß es, die Entlassung sei nötig geworden «wegen Miss Monroes wiederholten, mutwilligen Vertragsbrüchen. Viele Male konnte sie uns keinen Grund an-geben, weshalb sie nicht zu den Dreharbeiten erschien. Das Studio erlitt dadurch Einbußen.»[231] Tatsache war: Der Film drohte – trotz der schau-spielerisch außerordentlichen Leistung seines weiblichen Stars – ein weni-ger als mittelmäßiges Werk zu werden, ohne starke Idee und mit blassen Personen. Die Studio-Bosse fürchteten einen Flop. So kam es, daß der ei-gene Superstar, das Kapital des Studios, von heute auf morgen fallenge-lassen wurde, nachdem man Millionen an ihm verdient hatte. Man hatte sich schon seit einiger Zeit hinter dem Rücken Marilyns nach geeignetem Ersatz für sie umgesehen. Als die Fox nun folgerichtig den Regisseur Cu-kor mit ihrer neuen Favoritin Lee Remick für Fotos posieren ließ, lehnte Marilyns Filmpartner Dean Martin es ab, mit jemand anderem zu spie-len.[232] Diese loyale Entscheidung Martins ließ den Film endgültig platzen.

Nun verklagte die Fox auch Dean Martin und dessen Firma, die den Film mitproduzierte: auf rund dreieinhalb Millionen Dollar Schadens-ersatz. Man wollte die gesamten kalkulierten Kosten der nun einge-stellten Produktion auf diese Weise zurückerhalten. Diese Klage wie die gegen die MMP[233] kam allerdings nie wirklich zur Verhandlung, weil zwi-schenzeitlich die gesamte Führung bei der Fox ausgetauscht wurde.

Marilyn Monroe hatte sich vom Studio zwar zurückgezogen, war aber keineswegs von der Bildfläche verschwunden. Sie gab Interviews für Illustrierte und posierte für Pressefotos. Truman Capote, der sie in dieser Zeit sah, stellte fest, daß die Schauspielerin «noch nie besser ausgesehen hat, [...] in ihren Augen war ein neuer Ausdruck von Reife. Sie kicherte nicht mehr soviel.»[234] Und auch Marilyn Monroes eigene Aussagen waren erfüllt von einem neuen Elan: *Es gibt eine Zukunft, und ich kann's gar nicht erwarten, an die Arbeit zu gehen.*[235]

Das war die andere Seite der mittlerweile Sechsunddreißigjährigen: sie war nicht nur ängstlich und depressiv. Immer wieder riß sie sich zusam-men, versuchte, Enttäuschungen mit neuen Projekten zu verarbeiten. Auch jetzt war sie mit neuen Drehbüchern konfrontiert. Sidney Skolsky zum Beispiel plante eine Jean-Harlow-Biographie für das Kino mit ihr. Es lag ein großer Reiz für sie darin, ihr altes Idol zu spielen. Und «I Love Louisa», ein Film, bei dem J. Lee Thompson Regie führen sollte, wurde ihr angeboten; er sollte Anfang 1963 gedreht werden.

Aufnahme von einer der letzten Foto-Sessions mit Marilyn,
Fotograf: George Barris

Sie arbeitete mit dem Fotografen Bert Stern an einer Foto-Session, die
von Stern selbst später als «The Last Sitting» veröffentlicht wurde. Marilyn sieht auf den Bildern mit den Ketten und Chiffonschleiern, auch der
amerikanischen Flagge, schmal, durchscheinend, widersprüchlich und
gereift aus. Ihre Gesamterscheinung wirkt sehr attraktiv und geheimnis-

voll, und selbst die nicht verdeckte Narbe ihrer Gallenoperation tut der sinnlichen Ausstrahlung keinen Abbruch. Auf einigen Bildern ist sie jung und verspielt, auf anderen auf eine fast preußische Art zusammengerissen. Sie soll, laut Stern, wie früher sehr gelöst bei den Aufnahmen gewesen sein, so daß der Fotograf später sagte: «Sie kam mir wirklich überhaupt nicht deprimiert oder ängstlich vor.»[236]

Es gibt zwei Äußerungen von Marilyn selbst, die viel zum widersprüchlichen Lebensgefühl dieser letzten Zeit aussagen. Einerseits: *Das Alter macht mir nichts aus. Ich mag es, wie ich die Dinge jetzt sehe. Die Zukunft gehört mir, und ich muß das Beste daraus machen – wie jede Frau.*[237] Andererseits: *Sie wissen nicht, wie es ist, alles zu haben, was ich habe, und nicht geliebt zu werden und das Glück nicht zu kennen. [...] Ich möchte von einem Mann geliebt werden, von Herzen, genauso wie ich ihn lieben würde.*[238]

Zu dieser Ambivalenz gehört auch, daß sie trotz tiefer Enttäuschung über ihren Psychiater Greenson weiterhin seine Patientin blieb. Im Juli ließ der Analytiker sie fast täglich vom Internisten Engelberg zu Hause aufsuchen, um ihr Injektionen verabreichen zu lassen. Diese Spritzen, die Marilyn als Leber- und Vitaminpräparate ausgab, sollen jeweils ihr Verhalten und ihre Stimmung auffällig und schnell verändert haben.[239] Sie selbst behauptete, daß die Spritzen sie *jung erhielten*[240].

In der Zeit von Ende Juni bis Ende Juli 1963 fanden mehrere Telefongespräche Marilyns mit Justizsenator Robert Kennedy statt, aus denen, zusammen mit vier Begegnungen auf offiziellen Empfängen, später die angeblich zweite Beziehung zu einem Mitglied der Kennedy-Familie «gemacht» wurde. Die Aufzeichnungen der Telefonate sind noch vorhanden. Aus ihnen sowie den Aussagen von Marilyns Pressesprecherin Newcomb und dem Berater des Justizminister, Edwin Guthman, rekonstruiert Spoto in seiner Biographie insgesamt acht sehr kurze und unkomplizierte, freundliche Gespräche.[241]

Als wirkliche Partner für ihre Probleme hatte sie weiterhin ihren Maskenbildner Snyder, den Masseur Roberts, Norman Rosten, den Dichter aus New York, und Joe DiMaggio. Joe und Marilyn kamen sich nicht nur als Freunde wieder näher. DiMaggio soll sich in den zehn Jahren, die er von seiner ehemaligen Frau getrennt lebte, sehr verändert haben und zu dieser Zeit schon viel gelassener und geduldiger mit ihren Eigenarten, auch mit ihrem Exhibitionismus umgegangen sein.[242] Ende Juli wollte er seine Vizepräsidentenstellung bei der Rüstungsfirma Monette Inc., für die er Imagepflege betrieb, aufgeben und zu Marilyn ziehen.[243]

Ihr letztes Interview gab Marilyn Monroe Anfang Juli für die Zeitschrift «Life». Vier Tage lang besuchte der Reporter Richard Meryman sie dafür in ihrem Haus. Sie konnten ungestört reden, Marilyn antwor-

tete sehr ehrlich – nur einmal wurden sie durch die Behandlung von Dr. Engelberg gestört; nach dessen Spritze soll die Gesprächspartnerin wirr und zusammenhanglos gesprochen haben.[244] Zwei Aussagen aus diesem Interview zeigen deutlich ihre Stimmung in diesen letzten Tagen: *Ich ärgere mich wirklich, wenn es in der Presse heißt, ich litte an Depressionen*

*und wäre versackt, als ob ich am Ende wäre. Ich lasse mich nicht unter-
kriegen, auch wenn es eine gewisse Erleichterung wäre, mit der Filmerei
aufzuhören.* Und: *Diese Arbeit ist wie ein Tausendmeterlauf, du rennst,
und dann bist du an der Ziellinie und denkst, du hast es geschafft. Aber das
hast du nie. Es gibt noch eine Szene und noch einen Film, und du fängst
wieder ganz von vorne an.*[245]

Nachdem die Schauspielerin die für diesen Monat geplanten Foto- und
Interviewtermine absolviert hatte, bereitete sie weiter mit Sidney
Skolsky das Jean-Harlow-Projekt vor. Außerdem sah sie sich Filme des
Regisseurs Lee Thompson an, der mit ihr und Dean Martin «I Love
Louisa» drehen wollte.

Am 25. Juli kam der Fox-Produzent Levathes ins Haus der Monroe,
um ihr ein Versöhnungsangebot zu unterbreiten. Das Studio war durch
einen Wechsel in den Führungspositionen zur Besinnung gekommen. Inzwischen war das Drehbuch zu «Something's Got to Give» endlich abgeschlossen worden. Nun sollte der Film doch noch fertiggestellt werden.
«Wie es schon so oft bei der Fox mit Marilyn geschehen war», berichtete
Peter Levathes 1992, «beschlossen wir einfach, sie wieder einzusetzen.
Ich war derjenige, der verantwortlich für ihre Entlassung war, also wollte
ich auch derjenige sein, der sie wieder engagierte.»[246]

Er bot der Schauspielerin einen neuen Vertrag mit einer höheren
Gage an und versprach, die Klage gegen sie zurückzuziehen. Marilyn
ging darauf ein, da sie arbeiten wollte und nie nachtragend war, wenn es
um ihren Beruf ging. Sie machte sogar spontan erneute Verbesserungs-
vorschläge

Das letzte Juli-Wochenende verbrachte Joe DiMaggio mit ihr in der
berühmten Cal Nevada-Lodge in Lake Tahoe, von den Lawfords eingeladen. Frank Sinatra sollte singen, und Marilyn wollte Dean Martin wegen des neuen Films treffen – aber hauptsächlich nutzte das Paar die Zeit
für einen Rückzug zu zweit. Immer wieder gab es später Gerüchte, Marilyn Monroe habe dort aus Versehen eine Überdosis Barbiturate genommen, doch wurde dies von keinem der Anwesenden später bestätigt.
Auch ist inzwischen widerlegt, daß sich die Schauspielerin dort mit Figu-
ren der Unterwelt traf, um sexuelle Beziehungen mit Mafiosi zu pfle-
gen.[247] Dieses Gerücht spielte später im Zusammenhang mit den Spekulationen um den Tod der Monroe eine Rolle.

Marilyn Monroe und Joe DiMaggio beschlossen an diesem Wochenende, erneut zu heiraten, und zwar noch im August 1962. Nur wenige
wußten davon, zum Beispiel DiMaggios Chef, Valmore Monette: «Er
liebte sie sehr, war immer in Kontakt mit ihr geblieben und wollte sie
jetzt nochmals zur Frau nehmen. Er meinte, diesmal würde es anders sein
als früher, und nun würde alles gut werden mit ihnen.»[248]

Diesmal wollten sie, im Gegensatz zum Jahr 1954, ohne Publicity heiraten. Schon am 8. August sollte die Hochzeit sein. Am 5. August war Marilyn Monroe tot.[249]

# Goodbye Marilyn

## 1. Der plötzliche Tod

Jeder Fan und jeder Fachmann weiß, daß Marilyn Monroe in der Nacht vom 4. auf den 5. August 1962 zu Hause starb. Es traf selbst ihre engsten Freunde überraschend.[250] Nur ihr Psychiater Greenson konstatierte, daß angesichts von Marilyns psychischem Zustand «Selbstmord oder wenigstens ein Spiel mit dem Tod»[251] nicht unwahrscheinlich waren. Wie sie wirklich starb, darüber gibt es die abenteuerlichsten Vermutungen, weil kaum jemand den Aussagen der beiden Zeugen so recht glauben mochte, die Marilyn zu Hause im Bett tot auffanden: Es waren Dr. Greenson und die Haushälterin Murray. Die offiziellen Berichterstatter der Kommission zur Aufklärung der Todesumstände kamen allerdings zu dem Ergebnis, es sei Selbstmord gewesen, obwohl es bei den Ermittlern bis heute Zweifel daran gibt.[252]

Die Zweifel an der Selbstmordthese und die Spekulationen um ihren Tod sind Teil des Mythos «Marilyn Monroe». Ein derart mit Phantasien und begehrlichen Wünschen besetzter Star, der in der Anfangsphase reifer Schönheit mit 36 Jahren stirbt, gibt Nahrung für vielfältige Gerüchte und Todesvermutungen. Folgende Theorien sind im Laufe der Jahre konstruiert worden:

1. Der Kennedy-Clan sei Auftraggeber eines Mordes gewesen, weil Marilyn zuviel über die Geheimpolitik der Brüder John und Robert wußte und sie erpressen wollte. Dies ist die am häufigsten vertretene These.

2. Robert Kennedy habe sie ermorden lassen, da die unglückliche Schauspielerin ihm private Schwierigkeiten machte. Ein Autor geht sogar so weit zu behaupten, daß der Justizsenator sie eigenhändig umgebracht habe.

3. Die Mafia habe sie am Tag eines angeblichen Treffens mit Bob Kennedy getötet, bei dem er Marilyn fallenließ. Man habe sich am Justiz-

senator rächen wollen, weil dieser den Gewerkschaftsboß James Hoffa wegen Mafia-Kontakten verfolgte. Der Mordverdacht sollte auf den Präsidentenbruder gelenkt werden.

4. Die CIA habe sich der Mafia bedient, um den Kennedys zu schaden.

All diese Veröffentlichungen beschäftigen die Medien bis heute weltweit. Jene «Enthüllungen», die eine Verquickung der Brüder Kennedy in den offensichtlichen Medikamententod der Monroe beweisen wollen, stützen sich auf die frühen, politisch motivierten Veröffentlichungen von Frank A. Capell [253], Maurice Ries [254] und Walter Winchell. Alle drei hatten Interesse daran, vor dem Hintergrund der Gerüchte um die Affären Marilyns mit den Kennedy-Brüdern einen Mordverdacht zu konstruieren, um der Kennedy-Familie zu schaden. Dabei bedienten sie sich des Polizisten Jack Clemmons, der Marilyn als erste offizielle Person tot gesehen hatte. Winchell machte den Anfang und druckte die Vermutung, es sei Mord gewesen, in seiner Klatschspalte ab. Er berief sich dabei auf Clemmons, der beim Gehilfen des Gerichtsmediziners erfahren hatte, daß der Mageninhalt der Toten keine Rückstände von Schlafmitteln aufgewiesen habe, was für den Reporter gegen Selbstmord sprach.[255] Der Publizist Capell brachte dann 1964 ein siebzigseitiges Pamphlet in seinem eigenen antikommunistischen Verlag heraus. «The Strange Death of Marilyn Monroe»[256] sollte belegen, daß Robert Kennedy Amerikas Idol ermorden ließ, als Marilyn ihn mit geheimen Informationen erpressen wollte. Nachdem Capell und Sergeant Clemmons allerdings in einer anderen Affäre vor Gericht als Lügner-Duo demontiert worden waren [257], erschienen zunächst keine derartigen Enthüllungen mehr.

Erst 1969 publizierte Fred L. Guiles sein Buch «Norma Jean – The Life of Marilyn Monroe», das sich, ohne Quellen und Belege zu prüfen, auf Capell und Winchell bezog. Der Schriftsteller Norman Mailer sah dann 1973 Stoff in dem zuvor Veröffentlichten für sein Buch «Marilyn», das zum Bestseller wurde. «Ich brauchte dringend Geld», so seine Aussage in einer Talk-Show[258], nachdem er die von Guiles veröffentlichten, nicht verifizierten Erkenntnisse als fiktive Biographie vermarktet hatte.

Ein Jahr später, 1974, kam Robert F. Slatzers Buch «The Life and Curious Death of Marilyn Monroe» auf den Markt, auf das sich später immer wieder Fernsehsendungen und Zeitungsartikel bezogen. Slatzer enthüllte darin seine angebliche Liebesaffäre und Heirat mit Marilyn Monroe (vgl. S. 60) und schmückte die Beziehung Marilyns zu Robert Kennedy phantasievoll aus, um dessen Beteiligung am Tod des Stars nachweisen zu können. Danach beschäftigte er einen Privatdetektiv, der ihn bei seinen Recherchen unterstützte, und verlangte eine nochmalige Überprüfung der Todesursachen im Fall Monroe. 1975 erreichte er die

Das Haus, in dem Marilyn Monroe starb

erste Überprüfung durch die Polizei von Los Angeles. Er hatte den Autor Anthony Scaduto mit seinen Erkenntnissen und denen des beauftragten Privatdetektivs bestückt. Scaduto veröffentlichte zunächst einen Artikel im Männer-Magazin «Lui» unter dem Titel «Who killed Marilyn Monroe?»[259], ein Jahr später dann das Buch «Who killed Marilyn?»[260] Er baute die Liebesbeziehung zwischen Robert Kennedy und Marilyn Monroe noch mehr aus und wies auf zwei neue Details hin: auf ein verlorengegangenes rotes Tagebuch, in das Marilyn politische Geheiminformationen notiert habe, und Tonbänder, die der Abhörspezialist Bernard Spindel besitze, zu dessen Kundschaft auch der Gewerkschaftsboß Hoffa gehöre. Die Bänder sollten angeblich Marilyns Gespräche mit den Brüdern Kennedy dokumentieren.

Die polizeiliche Untersuchungskommission, die daraufhin tätig wurde, kam zu keinen neuen Beweisen und widerlegte Scadutos Geschichte Punkt für Punkt. Doch die Gerüchte in den Medien rissen nicht ab.

Eine schließlich 1982 eingesetzte offizielle Untersuchungskommission der Bezirksstaatsanwaltschaft von Los Angeles fand trotz ausgesetzter Belohnung keine neuen Indizien. Das rote Tagebuch ließ sich nicht auffinden. Ein angeblich aufschlußreiches Interview mit Robert Kennedy, wovon der Detektiv Milo Speriglio, auch später noch in seinem Buch «The Marilyn Conspiracy», sprach, wurde nie herbeigeschafft; die tatsächlich bei Spindel gefundenen Kennedy-Tonbänder offenbarten kein belastendes Material gegen die Brüder und überhaupt keine Aufzeichnungen von Gesprächen mit Marilyn.

Doch da immer ein Rest von Bedenken an der offiziellen Selbstmordversion blieb, konnten seit 1985 weitere Bücher erscheinen, die bekannte Spekulationen wiederholten oder ausbauten, ohne wirklich Neues bewiesen zu haben[261]. Die beiden abenteuerlichsten sind die vom New Yorker Fan James Haspiel[262], der behauptete, Robert Kennedy habe Marilyn eigenhändig mit dem Kopfkissen erstickt, und die von dem Mafia-Experten Chuck Giancana, der in seinem Buch[263] nachzuweisen versuchte, daß zwei Mafiosi die Schauspielerin mit einem Einlauf töteten, um den Verdacht auf Robert Kennedy zu lenken.

Doch was kann man Gesichertes über die Todesumstände überhaupt berichten? Es ist interessant, daß der Biograph Spoto, der den Todesfall Monroe als eine Verquickung von Pannen, Verschleierungen und unglücklichen Umständen beschreibt, in den USA auf wenig Gegenliebe gestoßen ist, obwohl er am genauesten von allen Autoren recherchiert hat, und ohne parteiisches Interesse. Seiner Meinung nach haben Marilyns Psychiater und ihre Haushälterin durch fahrlässiges Verhalten eine tödliche Medikamentenmixtur im Körper der Schauspielerin herbeigeführt und nicht rechtzeitig die Auswirkungen bemerkt.

Die Tage vor ihrem Tod in der Nacht vom 4. auf den 5. August war Marilyn alles andere als depressiv gewesen. Sie telefonierte wegen der neuen Filmprojekte, machte Termine ab und traf sich mit ihrer Pressesprecherin Pat Newcomb. Wichtigster Punkt waren die Vorbereitungen für die Hochzeit mit DiMaggio, die in ihrem eigenen Haus und Garten im kleinen Kreis stattfinden sollte.[264] Schwierigkeiten hatte die Schauspielerin allerdings mit ihrem Psychiater Greenson, als sie ihm mitteilte, daß sie die Haushälterin entlassen habe und sich auch von ihm trennen wolle. Es gab Streit zwischen Greenson und ihr. Er schrieb später: «Reiche und berühmte Leute brauchen den Therapeuten 24 Stunden am Tag, und sie sind unersättlich. Sie sind auch fähig, dich völlig aufzugeben in dem Sinne, daß sie dir das antun, was ihre Eltern oder ihre Bediensteten ihnen angetan haben. Du bist ihr Bediensteter und kannst fristlos entlassen werden.»[265]

Trotz dieser Krise telefonierte Marilyn am 3. August noch gutgelaunt mit ihrem Freund Norman Rosten in New York, der sie «fröhlich, erregt, [...] überschäumend»[266] fand. In diesen Tagen bekam sie täglich ihre Spritze vom Internisten, der ihr auch am 3. August ein Rezept über 25 Nembutal-Kapseln hinterließ. Außerdem hatte sie noch einen Vorrat von Chloralhydrat-Tabletten, die Greenson selbst ihr verschrieben hatte, um sie von ihren Barbituraten zu entwöhnen.

Am 4. August mittags traf Pat Newcomb, die bei Marilyn nach einem gemeinsamen Abend übernachtet hatte, die Freundin in schlechter Stimmung im Garten an. Diese hatte eine fast schlaflose Nacht hinter sich. Eine Stunde später kam Dr. Greenson, schickte die Pressesprecherin weg und blieb an diesem Tag, mit einer Unterbrechung am Nachmittag, bis abends bei seiner Patientin.

Eunice Murray, die Haushälterin, verbrachte ihren letzten Tag im Haus Monroe und begleitete die Schauspielerin bei einem kleinen Strandspaziergang zu den Lawfords, als der Psychiater um 15 Uhr eine Pause einlegte. Bei den Lawfords stellten Gäste fest, daß Marilyn einen merkwürdigen Eindruck machte: «Sie taumelte zwar nicht, stand aber eindeutig unter dem Einfluß irgendwelcher Mittel.»[267]

Als sie zu Hause wieder auf den Psychiater traf, gab es einen heftigen Streit zwischen beiden, von dem Greenson seiner New Yorker Kollegin Kris berichtete.[268] Danach bemühte sich der Psychiater vergeblich, Dr. Engelberg wegen einer Beruhigungsspritze für die gemeinsame Patientin zu erreichen. Der Schauspieler Peter Lawford versuchte telefonisch, Marilyn zu einem Abendessen einzuladen, sie lehnte jedoch ab, da sie sich nicht danach fühle. Als schließlich Dr. Engelberg erreicht wurde, weigerte er sich, aus privaten Gründen, sofort zum Helena Drive zu kommen.

Laut Spotos Recherchen ist es sehr wahrscheinlich, daß der Psychiater beim Verlassen des Hauses gegen 19 Uhr der Haushälterin ein Klistier mit einer Lösung aus Beruhigungs- und Schlafmitteln (Chloralhydrat) bereitstellte. Dies hat Eunice Murray der Patientin bald darauf mit deren Einwilligung verabreicht. Diese Lösung traf im Blut auf Nembutal-Tabletten, die die Schauspielerin schon tagsüber genommen hatte, und das Zusam-

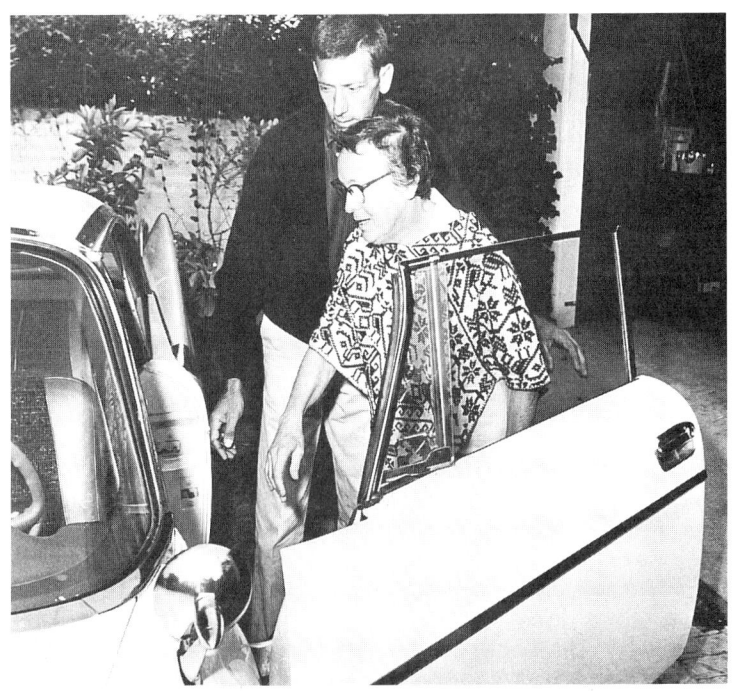
Die Haushälterin Eunice Murray am Morgen nach Marilyns Tod

menwirken beider Mittel verursachte höchstwahrscheinlich ihren Tod. Beleg für die Wirkung eines Einlaufs war die rapide psychische Veränderung, die zwei Telefonpartner kurz nacheinander feststellten. Um 19.15 Uhr wirkte sie noch «glücklich, vergnügt, munter»[269] im Gespräch mit Joe DiMaggio junior. Eine Viertelstunde später hörte Peter Lawford, der erneut anrief, sie «mit schwerer Stimme murmeln und lallen»[270]. Schließlich soll sie laut Lawford mit großer Mühe Luft geholt und geflüstert haben: *Say goodbye to Pat, say goodbye to the president and say goodbye to yourself, because you're a nice guy.* In dem Augenblick will Lawford vor Angst wütend geworden sein, aber Marilyn habe nur geflüstert: *I'll see, I'll see.*[271] Lawford versuchte daraufhin die halbe Nacht lang, Freunde zu erreichen, die Marilyn aufsuchen sollten, um nach ihr zu sehen. Er selbst hatte zuviel getrunken. Zuletzt forderte er Milton Rudin, den Anwalt der Schauspielerin, auf, die Haushälterin nach ihr zu fragen. Rudin rief Eunice Murray an; diese kam nach vier Minuten zurück ans Telefon und sagte, Miss Monroe schlafe, es ginge ihr gut. Später schrieb Eunice Murray in ihren Memoiren: «Wenn Rudin mir doch bloß gesagt hätte, daß er einen sorgenvollen Anruf von jemandem erhalten hatte!»[272]

Die Haushälterin und der Psychiater waren die ersten, die die tote Marilyn fanden. Eunice Murray äußerte vor Polizei und Richter, um drei Uhr früh sei sie aufgestanden; sie habe unter der Tür des Schlafzimmers einen Lichtschein gesehen, aber die Tür nicht aufbekommen, Marilyn vergeblich gerufen und dann Dr. Greenson angerufen. Der habe ihr am Telefon befohlen, mit einem Schürhaken von außen durch ein Gitter die Vorhänge auseinanderzuschieben, um zu sehen, ob Marilyn nur schlafe. Nachdem sie Greenson berichtet habe, daß seine Patientin bewegungslos und nackt auf dem Bett liege, soll der sofort herbeigeeilt sein. Er habe ein unvergittertes Fenster eingeschlagen, sei ins Schlafzimmer gedrungen und habe leise zur Haushälterin gesagt: «Wir haben sie verloren.»[273]

Der diensthabende Sergeant auf der Wache, Jack Clemmons, kam sofort auf den Anruf des Psychiaters hin, der ihm am Telefon sagte: «Marilyn Monroe ist tot. Sie hat Selbstmord begangen.»[274] Als er kurz vor fünf Uhr im Haus am Helena Drive ankam, sah er die Waschmaschine mit Marilyns Bettzeug darin in Betrieb. Das Bett war abgezogen und alles in ihrem Zimmer sehr ordentlich.

Die Version der Haushälterin, der sich auch der Psychiater anschloß,

Dr. Ralph Greenson und seine Familie bei Marilyns Beerdigung

stimmt nach Spotos Recherchen nicht: Er führt mehrere Zeugen an, die aussagten, schon kurz nach Mitternacht vom Tod der Schauspielerin gewußt zu haben, und zwar durch den Psychiater. Der Inhalt des von Dr. Greenson bereitgestellten Klistiers wurde im Koma ausgestoßen – daher vermutlich das abgezogene Bettzeug, das die Haushälterin in die Waschmaschine steckte, ehe man die Polizei rief. Nach Spoto muß die Haushälterin, nachdem sie zunächst gar nicht nach ihr gesehen hatte, in der Nacht die tote Marilyn auf deren Bett entdeckt haben, sehr viel früher, als sie später aussagte. Eine fieberhafte Hektik kurz vor Mitternacht war die Folge. Die herbeigerufenen Helfer Greenson, Milton Rudin und kurz darauf Dr. Engelberg waren vor Ort.[275] Die Ärzte versuchten, die Tote wiederzubeleben; ein Rettungswagen wurde gerufen und wieder weggeschickt. Dann wurde mit dem Schürhaken das Fenster eingeschlagen und der schwarze Stoff abgenommen und verstaut, so daß die untersuchenden Beamten später nur noch die schon weit früher abgenommenen Vorhänge sahen.

Um 4.25 Uhr erst rief man die Polizei.

Dr. Greenson blieb immer bei seiner ersten Aussage. Einzig dem Fotografen William Woodfield gegenüber hat der Psychiater sich, auf die hohen Dosen Chloralhydrat angesprochen, geheimnisvoll geäußert: «Nun ja, ich habe einige Fehler in meinem Leben gemacht.»[276]

Eunice Murray dagegen verwickelte sich in Widersprüche. Sie gab schließlich selbst zu: «Ich würde meine Version keinesfalls beschwören.»[277] Und mit 77 Jahren bekannte sie: «Ach, warum muß ich – in meinem Alter – immer noch diese Sache vertuschen?»[278]

Bei der Obduktion der Leiche fand man im Blut «acht Milligramm Chloralhydrat und viereinhalb Milligramm Nembutal, in der Leber jedoch 13 Milligramm Nembutal»[279], einen sehr viel höheren Wert also in der Leber, was auf einen Konsum weit vor dem Abend hinweist. Hätte die Schauspielerin die Absicht gehabt, Selbstmord zu begehen, hätte sie bestimmt sehr viele Tabletten auf einmal genommen und nicht über den gesamten Tag verteilt, wie die Obduktion zeigte. Auch die damals untersuchenden Gerichtsmediziner Thomas Noguchi und John Miner sowie mindestens drei andere Kollegen gelangten schon früher zu einem ganz anderen Ergebnis über die Todesumstände als die auf Bitten der Gerichtsmediziner offiziell eingesetzte Untersuchungskommission.[280] Das lag vor allem an einer absonderlichen Entdeckung an der Leiche: Ein großer Teil des Dickdarms wies nämlich eine «markante Blutstauung und eine violette Färbung auf», was nach John Miner «nur auf eine rektale Zufuhr von Beruhigungs- und Schlafmitteln schließen läßt [...]. Noguchi und ich waren überzeugt, daß die tödliche Dosis nur durch ein Klistier verabreicht worden sein konnte.»[281]

Doch offiziell hieß das Ergebnis der Untersuchungskommission im August 1962: Selbstmord durch Tablettenzufuhr. «Nachdem wir mit Dr. Greenson über Marilyns psychiatrische Vorgeschichte gesprochen hatten, war für uns klar, daß die einzige mögliche Schlußfolgerung, zu der wir gelangen konnten, Selbstmord oder wenigstens ein Spiel mit dem Tod war.»[282]

1992 erklärte der damals ermittelnde Gerichtsmediziner John Miner genau das Gegenteil, wobei er sich auch auf den Psychiater berief: «Ich habe nicht geglaubt, daß es Selbstmord war. Und nachdem ich Dr. Greenson befragt hatte, war ich sogar noch weniger davon überzeugt. – [...] Und – er hat es selbst auch nicht geglaubt»[283], denn der Analytiker habe ihm von Marilyns Gefühl erzählt, «sie hätte alles Schlechte hinter sich, und von nun an könne es nur noch aufwärtsgehen»[284].

Am 8. August fand mittags die Beerdigung im engsten Kreis statt. Nur dreißig Verwandte und Freunde waren in die Kapelle des Leichenschauhauses von Los Angeles geladen worden. Regisseure, Schauspielerkollegen, Produzenten und Presseleute blieben beim Abschied vom «beliebtesten Star der Welt» ausgeschlossen.


## 2. Annäherung an einen Mythos

Marilyn Monroe war nicht irgendein Star der fünfziger Jahre. Sie war einzigartig in ihrer Zeit. Ihre Wirkung ging weit über die eines Sexsymbols hinaus. Das wird, je länger sie tot ist, immer deutlicher. Und dennoch war und ist sie das klassische Sexsymbol. So wurde sie von den Hollywood-Studios als Kassenmagnet eingesetzt, so benutzten Drehbuchautoren sie für den eigenen Erfolg, und so wurden ihr Konterfei mit dem künstlichen Lächeln (die Oberlippe durfte nie zu hoch gezogen werden!) und ihr kurvenreicher Körper von Fotografen verewigt. Kaum hatte man ihre frühen Aktaufnahmen 1953 wiederentdeckt – zum Entsetzen der Studios –, wurden die «Golden Dreams» in der kindlichen Pose millionenfach reproduziert als Schlipsembleme, auf Spielkarten, Füllern, Schlüsselringen, Bettbezügen und Haushaltsgegenständen. Marilyn-Porträts gerieten zu wahren Ikonen des Massengeschmacks, schon ehe Andy Warhol sie in den sechziger Jahren zur Waren-Kunst stilisierte.

Die Sex-Göttin selbst, die durchaus wußte, daß ihre Karriere mit ihrem Körper begonnen hatte, sagte in ihrem letzten «Life»-Interview zu Richard Meryman: *Als Sexsymbol wird man zu einer Sache [...]. Man kollidiert mit den unbewußten Wünschen der Menschen. Es ist nett, wenn die Leute einen in ihre Phantasien einbeziehen, aber man möchte auch um*

Marilyn Monroe.
Siebdruck von
Andy Warhol, 1964

*seiner selbst willen akzeptiert werden.*[285] Dies deutet den Kampf an, den Marilyn Monroe – zum Erfolg, aber später auch zur Selbstfindung entschlossen – in ihrem kurzen Leben führte. Sie kämpfte mit einer Intensität, von der das große Publikum höchstens am Ende, 1962, durch ausführliche Interviews etwas erfuhr.

Auf das Filmpublikum der fünfziger Jahre wirkte Marilyn als irritierende Verheißung und gleichzeitige Bedrohung. Für Männer war sie eine Verheißung, die mit ihrer erotischen Ausstrahlungskraft zugleich etwas beruhigend Unschuldiges transportierte: Ihr Sex war nicht fordernd, eher humorvoll und von dem kindlichen Charme, der Behüterinstinkte weckt. Für Kinobesucherinnen war sie anziehend durch die sanfte Schönheit ihres Gesichts, doch gleichzeitig bedrohlich: als jemand, der dir über Nacht den Mann wegnimmt. Besonders irritierend schien dabei, daß es nicht durch ein aktives Vamp-Gehabe geschah, sondern durch das schlichte Da-Sein des Stars, der, auch ohne eine große Rolle auszufüllen, eine magische Anziehungskraft besaß.

Selbst in Zeiten, in denen die Monroe fülliger war, schaffte sie es, über ihre Bewegungen und ihre Ausstrahlung eine «gute Figur» zu machen.

127

Ihr Äußeres war ab einem bestimmten Zeitpunkt nicht auf die konkreten Körpermaße angewiesen, auch wenn die Presse hämisch auf ihre Kilos aufmerksam machte. Marilyns größter Reiz war der einer ewigen Kindfrau, die scheinbar über ihre eigene Anziehungskraft stolpert, also, besonders raffiniert, dem Zuschauer suggeriert, er merke etwas, das sie selbst nicht ahne. Dies gibt ihm ein Omnipotenzgefühl. Die gespielte Unschuld unterscheidet die Blondine Marilyn Monroe von den Diven Mae West und Marlene Dietrich, die die Männer als blonde Vamps eher in Schach halten. Marilyns Augen, ihr Lächeln und ihre Art zu sprechen sollten immer ausdrücken, daß sie geliebt werden möchte, geliebt werden muß – während die anderen Damen Liebe gewährten.

Darüber hinaus ist sie der Inbegriff des Widerspruchs von Moral und Sex in den fünfziger Jahren: Damit der Sex, trotz seiner Ächtung im Amerika dieser Ära, offiziell tragbar war und sogar vermarktet werden konnte, mußte er in die extremste äußere und gleichzeitig die naivste, ungefährlichste Form getrieben werden. Marilyn als neues Frauenbild einer sauberen, unschuldigen Sexbombe, die eigentlich Liebe sucht, war somit konform und rebellisch zugleich. «Gentlemen Prefer Blondes» – sie gehörte zu den Blondinen, die geheiratet werden können.

Nicht unwichtig war bei dieser Mischung die publikumswirksam verkaufte Monroe-Lebensgeschichte: der Aufstieg vom Waisenkind zum Hollywood-Star aus eigener Kraft (was ja tatsächlich stimmte). Gerade diese Geschichte nahm die weiblichen Zuschauer für den Star ein. Frauen allerdings, die damals in der Adoleszenz waren wie die bekannte amerikanische Feministin Gloria Steinem, sahen teilweise mit Abscheu die Vermarktung und Zurschaustellung der «schwachen Seiten» des schönen Geschlechts. Sie schämten sich für die Entblößung der «verletzlichen Weiblichkeit, des quellenden Fleisches und der passiven Körperlichkeit», wie Steinem es ausdrückte.[286]

Erst die Generation, die nach Marilyns Tod geboren oder erwachsen wurde, kann, wie einige wenige Zeitgenossen der Monroe, sehen, was an ihren Filmen deutlicher aufleuchtet, je älter die Celluloid-Werke werden: Ihr Zauber ist eine unvergleichliche Präsenz, ein Geheimnis, das mit ihrer Persönlichkeit zusammenhängt. Diese Persönlichkeit präsentiert sich auf der Leinwand als Einheit von Körper und Seele, Stärke und Verletzlichkeit, Naivität und Ironie. Diese Einheit (die es im wirklichen Leben für Marilyn nicht gab) hatte eine Leuchtkraft, die der Fotograf Bert Stern «das Geheimnis ihrer Schönheit» genannt hat: «flüchtig wie das Denken, intensiv wie das Licht»[287]. Schon die Schauspieler, die mit ihr drehten, und die Kameraleute waren von dem Gegensatz zwischen ihrer Privatperson am Set und dem, was dann beim Betrachten der Muster erschien, tief beeindruckt. Solche Präsenz und magische Wirkung kann nicht mit Training gelernt werden, sie ist immer nur bei den Ausnahmegestalten einer Epoche vorhanden. Talent zum Spielen, das allerdings dazugehört, hatte die Monroe schon mitgebracht, und sie verfeinerte es durch harte Arbeit.

Ihre einzigartige Mischung aus augenzwinkernder Stärke hinter stilisierter Weiblichkeit und echter, biographisch begründeter Verletzlichkeit sprengt jedes Rollenklischee und alle Epochenrahmen zugleich, es macht sie in ihren Filmen zu einer Frau, die immer moderner wird. Sie, die im realen Leben daran scheiterte, daß sie sich nach einer Familie sehnte, die sie nicht gründen konnte, wird, je selbstverständlicher die unterschiedlichen Frauenwege heute werden, um so verstehbarer und faszinierender – für Männer und Frauen.

Als Schauspielerin hütete sie immer einen Rest von Geheimnis, war weder die schöne Emanzipierte noch der geistlose Glamour-Star. Darüber hinaus spielte die Monroe das blonde Dummchen ihrer frühen Filme, mit dem sie so oft identifiziert wurde, auch als Abziehbild eines klischeegewöhnten Männerhirns. Sie triumphierte in der Übertreibung über das triviale Frauenbild ihrer Zeit, indem sie es mit Verve ins Komische steigerte. Es fiel damit auf die zurück, die es kreierten.

Ihr Leben unterschied sich in seiner quälenden und nicht endenden Selbstsuche von all den Anekdoten und Vereinfachungen, die oft berichtet wurden. Ihre fertigen Filme mit der legendären Monroe-Aura und den zahlreichen Monroismen (eigenen Dialogideen, die oft ihren persönlichen Witz widerspiegelten) hatten nichts mit der Mühsal der Dreharbeiten gemein.

Als sie ganz jung war, verwechselte sie das Leben, das vor ihr lag, mit den Filmen, die sie en masse gesehen hatte. Als sie ein Star war, wußten viele, daß sie nur wirklich lebte, wenn sie spielte oder für Fotografen posierte. Das einzig andere wirkliche Leben, die ersehnte Mutterschaft, zu der unbedingt ein Partner gehörte, blieb ihr verwehrt – oder erspart. Diese Rolle hätte von ihr Echtheit und Unmittelbarkeit im intimen Bereich gefordert und die Fähigkeit, auch von sich selbst abzusehen. Biographen wie Gloria Steinem bezweifeln, ob bei Marilyns Kinderschicksal und der permanenten Bedrohung durch das Leben ihrer Mutter eine behütende Mütterlichkeit für sie möglich gewesen wäre. Ihre Hinwendung zum Schauspielberuf, ihr früher Wunsch, ein Star und auf diese Weise wahrgenommen zu werden, hing zweifellos mit dem Liebesdefizit ihrer Kindheit und Jugend zusammen: *Ich hatte immer das Gefühl, ich sei ein Nichts. Der einzige Weg für mich, etwas zu sein, war der, daß ich – nun jemand anderes war.* [288]

Mitte der fünfziger Jahre, als Marilyn selbst eine Filmfirma gründete, kam es zur eigenen Auseinandersetzung mit dem Idol, das sie für andere verkörperte. Sie erkannte, daß sie das Image der sexuellen Verlockung und Verführung aktiv mitgeschaffen hatte, sie also nicht allein Opfer der Hollywood-Strategen war. So wollte sie sich mit Ende Zwanzig von dem Bild emanzipieren, das sie selbst geprägt hatte. Aber dafür war es entweder zu spät, oder Hollywood akzeptierte noch nicht derartig widersprüchliche Frauenrollen, wie sie später etwa eine Jane Fonda spielte und heute Glenn Close oder Meryl Streep repräsentieren. Denn auch die neuen Filmrollen, die Milton Greene mit seiner Geschäftspartnerin Marilyn prüfte, stießen die Chefin einer eigenen Filmfirma meist wieder in Klischees zurück, die sie gerade mit großer Anstrengung überwinden wollte (z. B. in «Let's Make Love»; selbst «The Misfits» war für sie eine Enttäuschung, was die Frauenrolle betraf).

Erst 1962 gab sie in ausführlichen Interviews zu, daß ihre Popularität auf Attributen beruhte, die sie zunehmend ablehnte. Die Anstrengung, noch mit über dreißig Jahren das dumme Blondchen statt einer reifen, widersprüchlichen Frau zu spielen, war ihr mehr und mehr zuwider. Marilyn wollte mit Kraft aus dem Käfig des Rollenklischees ausbrechen. Die Tragik liegt darin, daß ihr der Ausbruch nicht gelang, obwohl manche ihrer früheren Rollen (z. B. «Niagara») schon auf einen anderen Frauentyp verweisen. Amerika gestattete ihr keine grundlegende Änderung ihres Images.

Einen generellen Boykott des Hollywood-Geschäfts, bis es andere Rollen für sie gab, konnte Marilyn Monroe sich nicht leisten. Sie mußte für sich selbst sorgen, hatte – trotz der vielen Filmauftritte – keine großen Ersparnisse. Und außerdem war sie auf die Bestätigung durch den männlichen Betrachter angewiesen – wie auf die Arbeit als Korrektiv ihrer Depressionen. Deshalb kämpfte sie so zäh für den letzten Film «Something's Got to Give», obwohl die Figur der heimlich zurückkehrenden Ehefrau in dieser Tragikomödie nicht gerade ihre Traumrolle war.

Die Selbstsicherheit, die Marilyn Monroe in ihren Filmen suggerierte, entsprach nicht der Wirklichkeit, in der sie sich in ihrem übergroßen Liebes- und Bestätigungshunger an «Vater-Männer» hängte (wie Karger, Hyde, DiMaggio, Miller) und an deren mangelhaftem Verständnis scheiterte. Die ungeschützte Haltung, die sie einigen Journalisten gegenüber einnahm, trotz mancher schlechter Erfahrung mit deren Zunft, führte zu Aussagen, die keineswegs dem Mythos der unkomplizierten, humorvollen, selbstsicheren Kindfrau dienlich waren: *Ich weiß, ich habe Talent, ich weiß, ich kann spielen. [...] Ich merke [trotzdem], daß ich mich immer noch bei den Leuten einschmeicheln will, indem ich ihnen sage, was sie gerne hören wollen.[...] das ist Angst.*[289]

Auch wenn Marilyn durch zwei Heiraten mit berühmten Männern selbst wünschte und zugleich den Fans versprach, Erfolg und Liebe, Kar-

Jugendliche vor einer Wandmalerei in Hollywood, 1993

riere und Privatleben zusammenzufügen, offenbarten das schnelle Scheitern ihrer Ehen, ihre Kinderlosigkeit und Einsamkeit nach der dritten Scheidung, daß gerade dies nicht möglich war.

Vielleicht liegt schon darin, in der Zerstörung solch kollektiver Wunschträume und nicht erst in der Dramatik des frühen Todes, ein Schlüssel zur Wirksamkeit des Mythos Marilyn. Denn zwei widersprüchliche Momente bewegen oft die Menschen, die jemanden zum Idol stilisieren: Einmal die vorgelebte Möglichkeit, aufzusteigen aus dem Abseits in den Glanz der Öffentlichkeit, und zum zweiten die Tragik des anschließenden Scheiterns einer Identifikationsfigur.

*Insgeheim habe ich immer das Gefühl gehabt, nicht vollkommen «echt» zu sein. So etwas wie eine gut gemachte Fälschung. Ich glaube, jeder Mensch fühlt das von Zeit zu Zeit. Aber in meinem Fall geht das so weit, daß ich manchmal denke, ich sei nur ein Kunstprodukt.*[290] Dieses Kunstprodukt, von dem Marilyn Monroe schon zu Lebzeiten sprach, ist die Schauspielerin in gesteigertem Ausmaß nach ihrem frühen Tod geworden. Überall können Betrachter, die nicht einmal ihre Filme kennen, das Gesicht und den Körper, mit dem eine scheinbar überzeitliche Weiblichkeit verkauft wird, als ständig benutztes Emblem wiederentdecken. Doch nicht nur die triviale Vermarktung in Industrie- und Textilprodukten ist gemeint, sondern auch die kulturelle: Schriftsteller, Künstler und Journalisten haben Leben, Legende und Sterben der schon zu Lebzeiten zur Kultfigur avancierten Monroe ausgebaut und ausgebeutet. Als erster veröffentlichte ihr Ex-Ehemann Arthur Miller sein Schauspiel «Nach dem Sündenfall», das das Millersche Ehedrama postum in die Öffentlichkeit trug. Bald darauf schrieb Norman Mailer seine verschiedenen romanhaften Biographie-Versionen. Künstler wie Salvador Dalí, Robert Rauschenberg, Claes Oldenburg und Willem de Kooning feierten auf ihre Art den Star der fünfziger Jahre, und Andy Warhol schuf 1964 die endgültige Monroe-Ikone. Er machte die millionenfache Verwertung zum Thema, was wiederum auch seinem eigenen Marktinteresse nicht schadete.

Nach ihrem Tod setzte auch das ein, was nicht als Vermarktungsinteresse, sondern eher als Opferkult zu bezeichnen wäre. Das Mysteriöse und Ungeklärte der Todesumstände ließ Legenden um Mord und Verschwörung aufblühen. Der Folksänger Pete Seeger schuf die Ballade «Who Killed Norma Jeane?» Die amerikanische Frauenbewegung, allen voran «Ms.»-Herausgeberin Gloria Steinem, entdeckte «ihre» Marilyn (Norma Jeane vorzugsweise) als eindeutiges Opfer männlicher Ausbeutung – von Kindheit an bis zu ihrem Tod durch Verschwörung und Männergewalt.

Es gibt mittlerweile etwa fünfzig Biographien und «Scheinbiographien», mindestens ebenso viele Fotobände. Immer wieder werden Thea-

terabende zum Thema gegeben [291], Revuen werden gezeigt, sogar eine
Oper wurde komponiert. Marilyn-Doubles, die Gesangsabende geben,
leben in vielen Städten der Welt. Filme mit Marilyn Monroe laufen so
häufig wie nie zuvor im Fernsehen, Kinos veranstalten Marilyn-Wochen.
Fan-Clubs, deren Mitglieder oft erst nach 1962 geboren sind, werden auch
heute noch gegründet. Es gibt reine Filmfans, Liebhaber der Song-Inter-
pretationen Marilyns, Foto- und Produktensammler, und es gibt gestörte
Nachahmer, die sogar Selbstmord nach dem Vorbild ihres Idols begehen.
Besonders in den jeweiligen Wochen nach Marilyns Tod soll die Suizid-
Rate in Los Angeles jedes Jahr um 40 Prozent ansteigen [292]; Gloria Stei-
nem hat Ähnliches anhand von Notizen von acht jungen und schönen
Selbstmörderinnen in New York nachzuweisen versucht.[293]

Der Tod der Marilyn Monroe ist legendenumwoben wie ihr Leben. Gegen die Legende zu Lebzeiten versuchte sie sich ab einem bestimmten
Zeitpunkt durch eigene Aussagen zu wehren. Doch zu einem Teil trug sie
durch Manipulation der Wahrheit selbst zur Legendenbildung bei. Denn
das Waisenkind, das keine Mutter hatte, oder der verunglückte Vater paß-
ten besser ins Bild als ihre tatsächliche komplizierte Herkunft und kindliche Odyssee. Ganz gleich, wie profan oder aufregend alle Entdeckungen
um ihren Tod sein mögen, allein das tragische Ende mit 36 Jahren verstärkte den Mythos der verführerischen und doch so fragilen Frau, die in
jedem einzelnen Zuschauer oder Betrachter den Retterinstinkt anspricht.

Amerika verlor mit Marilyn Monroes Tod den «Super-Darling» der
Nation. Aber es gewann die Unsterblichkeit eines Idols, das nicht nur die
fünfziger Jahre symbolisierte, sondern, so scheint es heute, überzeitliche
Ausstrahlung besitzt. Ihre Wirkung auf Männer und Frauen und ihr un-
vergleichlicher Glamour auch für die Nachgeborenen hängen mit der
Vielfalt von Projektionsmöglichkeiten zusammen, die sie wie kaum ein
anderer Star bietet: die Benutzbarkeit als edle Form des Pin up; die Iden-
tifikation mit ihr als Verführerin, als Frau, die sich ihrer Anziehungskraft
voll bewußt ist, sie aber scheinbar ignoriert; das Erlebnis eines Verspre-
chens von Nähe, ja Verfügbarkeit, das sie perfekt erzeugen konnte. Dies
alles ist verbunden mit dem Wissen um ein scheues, beschützenswertes,
ausgebeutetes Wesen: das naive, fast göttliche Geschöpf – eine Diva, die
eigentlich ein Mädchen blieb.

# Anmerkungen

Alle ungedruckten Archivmaterialien, auf die in den Anmerkungen verwiesen wird, sind von Donald Spoto eingesehen oder erworben worden und werden nach seiner Biographie zitiert; Gleiches gilt für Aussagen und Zitate aus ungedruckten Interviews.

1 Donald Spoto: «Marilyn Monroe. Die Biographie», München 1993 (im folgenden zitiert mit dem Kürzel «Spoto»), S. 21

2 Vgl. Spoto, S. 21: Es gab mehrere Männer, die in Frage kamen, denn Gladys hatte zu der Zeit verschiedene enge Männerbekanntschaften. Gladys Baker selbst gab Gifford niemals als Vater an.

3 Zit. nach Milton Greene Papers MG IV: 8,12 (im folgenden unter «MG» zitiert). Vgl. auch Guus Luitjers: «In Her Own Words: Marilyn Monroe», London 1991, S. 28

4 Vgl. Spoto, S. 27

5 Zit. nach Ezra Goodman: «The Fifty Year Decline and Fall of Hollywood», New York 1961, S. 225

6 Marilyn Monroe im Dokumentarfilm «The Legend of Marilyn Monroe» (1964). Vgl. auch MG II: 6,4

7 Zit. nach «Hollywood's Topic A-Plus», in: «Life», 7. April 1952, S. 104

8 Marylin Monroe, zit. nach Robert L. Heilbroner: «Marilyn Monroe», in: «Cosmopolitan», Mai 1953, S. 40

9 Marilyn Monroe in: MG II: 6,5

10 Marilyn Monroe in: «Time», 14. Mai 1956, S. 74

11 Marilyn Monroe, zit. nach Marga-ret Parton: «A Revealing Last Interview With Marilyn Monroe», erstmals veröffentlicht in: «Look», 19. Februar 1979, S. 26

12 Spoto, S. 34

13 Marilyn Monroe, zit. nach Georges Belmont: «Marilyn and the Camera Eye», Boston 1989, S. 14. Ursprünglich 1960 in der französischen Zeitschrift «Marie Claire» veröffentlicht.

14 Marilyn Monroe in ihrem letzten Interview mit Richard Meryman in «Life», 17. August 1962, S. 33

15 Marilyn Monroe, zit. in MG II 5,7

16 Marilyn Monroe in: Georges Belmont, op. cit., S. 14 und 17

17 Spoto, S. 39

18 Spoto, S. 40

19 Ebd.

20 MG XII: 2,24

21 Spoto, S. 50

22 Marilyn Monroe zu Ben Hecht: in Akte 12 seiner Materialsammlung für eine Monroe-Biographie (aufbewahrt in The Newberry Library, Chicago)

23 Marilyn Monroe, zit. nach «Life», 17. August 1962, S. 38

24 Grace Goddard, zit. in: MG XI, 2,8

25 Grace Goddard, zit. in: MG II, 5,39

26 Vgl. Sam Shaw und Norman Rosten

in: «Marilyn among Friends», London 1978, S. 95

27 Marilyn Monroe, zit. nach Maurice Zolotow: «Marilyn Monroe», New York 1960, S. 34

28 Marilyn Monroe in MG IV: 3,3

29 Marilyn Monroe in: «Life», 17. August 1962, S. 33

30 Ebd.

31 Marilyn Monroe in MG XII: 4,37

32 Vgl. Spoto, S. 73

33 Marilyn Monroe, laut Eleanor Goddard im Gespräch mit Donald Spoto am 21. Februar 1992, sowie in MG XII: 6

34 James E. Dougherty im Gespräch mit der Journalistin Jane Wilkie, unveröffentlichte Interview-Fassung von 1952, S. 1 (im folgenden JWP I)

35 James E. Dougherty am 20. Juni 1992 zu Donald Spoto

36 Ebd.

37 Marilyn Monroe zit. nach Georges Belmont, op. cit., S. 16

38 James E. Dougherty in JWP I, S. 9

39 James E. Dougherty: «The Secret Happiness of Marilyn Monroe», Chicago 1976, S. 18

40 Marilyn Monroe in MG XII: 4,12

41 James E. Dougherty in JWP I, S. 5

42 David Conover: «Finding Marilyn», New York 1981, S. 12. Conover (1918–83) war ein begabter Fotograf, aber auch ein großer Fabulierer, der viele Ungereimtheiten in sein Buch einfließen ließ. Vgl. Spoto, S. 94

43 Siehe Bert Stern: «Marilyn's Last Sitting», München 1982

44 James E. Dougherty in JWP I, S. 7

45 Marilyn Monroe in MG XII: 3,25

46 Zit. nach dem Formular der Agentur, ausgefüllt von einer unbekannten Mitarbeiterin für «Norma Jean Dougherty», am 2. August 1945

47 Ebd.

48 Marilyn Monroe in MG III: 2,20

49 James E. Dougherty in JWP I, S. 1

50 Z. B. Titel von «The Family Circle», 1946

51 Z. B. Marilyn am Strand im Zweiteiler, Marilyn spielt mit einem Ball. Auf anderen Fotos steht sie in schlichter Kleidung in einer kargen Berglandschaft.

52 Zit. nach André de Dienes: «Marilyn Mon Amour», New York 1985, S. 71

53 Ebd., S. 70

54 Sie arbeitete mit Joseph Jasgur und Earl Moran, im selben Jahr noch mit Laszlo Willinger.

55 Eleanor Goddard am 21. Februar 1992 zu Donald Spoto

56 Zit. nach Robert Cahn, «The 1951 Model Blonde», in: «Collier's», 8. September 1951, S. 51

57 Ben Lyon zu Earl Wilson, in: «Los Angeles Daily News», 13. Juni 1953

58 Marilyn Monroe in MG X, 8, S. 22 f.

59 Spoto, S. 118

60 Allan Snyder am 2. Mai 1992 zu Donald Spoto

61 Spoto, S. 120

62 Marilyn Monroe in MG XVI: 4,12

63 Zit. nach Cindy Adams: «Lee Strasberg», New York 1980, S. 153

64 Vgl. auch Anthony Summers: «Marilyn Monroe. Die Wahrheit über ihr Leben und Sterben», Düsseldorf 1992, S. 53, zu Marilyns eigenen Aussagen über diese Zeit

65 Marilyn Monroe beschäftigte sich wenn auch vielleicht unsystematisch und lückenhaft, mit folgenden Stucken: «1931» von Claire und Paul Sifton; «Night over Taos» von Maxwell Anderson; «Men in White» von Sidney Kingsley; «Awake and Sing!» von Clifford Odets; «Weep of the Virgins» von Nellise Child; «The Case of Clide Griffiths» von Erwin Piscator und Lena Goldschmidt und «Golden Boy» von Clifford Odets

66 Marilyn Monroe in MG XVI: 4,12

67 Spoto, S. 126

68 Lucille Ryman am 20. Februar 1992 zu Donald Spoto

69 Laut Lucille Ryman im Gespräch mit Donald Spoto, ebd.

70 Marilyn Monroe in MG VIII: 4, ohne Seitenangabe. Vgl. auch Richard Meryman: «A Last Long Talk With A Lonely Girl», in: «Life», 17. August 1962, S. 33

71 Amy Greene am 5. Mai 1992 zu Donald Spoto

72 Es wird in der Marilyn-Literatur von Liebesdiensten gegenüber dem gehaßten Hollywood-Produzenten Harry Cohn gesprochen; die Autoren stützen sich dabei auf Aussagen Amy Greenes. Spoto allerdings schreibt nichts davon, und Joan Mellen («Marilyn Monroe», München 1992, S. 30) führt an, daß Marilyn Cohn abgewiesen habe.

73 Marilyn Monroe in MG XIV: 3,2

74 Natasha Lytess in JWP I: S. 5

75 Marilyn Monroe, ebd.

76 Natasha Lytess, ebd.

77 Natasha Lytess in JWP I: S. 5 und II: S. 9 (JWP II = veröffentlichtes Interview von Jane Willkie mit James Dougherty vom März 1953 in «Photoplay», März 1953, S. 47–85)

78 Ihre Songs sind erst seit 1992 vollständig auf Cassette und CD erhältlich: Zeichen für die langjährige Unterschätzung sogar nach ihrem Tod. Es gibt Stimmen, die behaupten, wären ihre Lieder in den fünfziger Jahren aufgelegt worden, hätte sie eine der führenden Balladensängerinnen ihrer Zeit werden können. Ihr großes Vorbild war Ella Fitzgerald.

79 Natasha Lytess: JWP I, S. 10

80 vgl. Spoto, S. 143

81 Spoto, S. 141

82 Natasha Lytess: JWP/NL I, S. 4

83 Ebd.

84 Marilyn Monroe zu Natasha Lytess: JWP/NL I, S. 4

85 Zit. nach Roger G. Taylor: «Marilyn In Art», Salem/New Hampshire 1984, Zürich 1985

86 Zu Journalisten sprach sie – als Beispiel für ernste Rollen, die sie spielen wolle – von der Rolle der Gruschenka (bei der Vorstellung ihrer Firma MMP am 7. Januar 1955). In der Presse wurde sie dafür allerdings verhöhnt; vgl. Douglas Watts in: «New York Daily News», 12. Juli 1955, unter dem Titel «Eine kleine Empfehlung an ein armes umherirrendes Mädchen»

87 Zit. nach Earl Wilson: «Show Business Laid Bare», New York 1974, S. 67

88 André de Dienes: op. cit., S. 91

89 Earl Wilson: «The Showbusiness Nobody Knows», Chicago 1971, S. 288

90 Rupert Allan zu Donald Spoto am 17. Juni 1991

91 Zit. nach John Huston: «An Open Book», New York 1980, S. 286 f.

92 Spoto, S. 160 f.

93 Vgl. Filmographie S. 146 f.

94 Spoto, S. 163

95 Joseph L. Mankiewicz: «More about All About Eve», New York 1972, S. 79

96 Marilyn Monroe in MG IV: 3,22

97 Natasha Lytess in JWP II: S. 11

98 Natasha Lytess in JWP I: S. 13

99 Zit. nach «Life», Jg. 30, H. 1, 1. Januar 1951, S. 37

100 Sidney Skolsky: «Don't Get Me Wrong – I Love Hollywood», New York 1975, S. 214

101 Ebd.

102 Sam Shaw zit. nach Spoto, ohne Quelle, S. 178

103 Spoto, S. 179

104 Elia Kazan: «A Life», New York 1988, S. 415

105 Marilyn Monroe zit. nach Pete Martin: «The New Marilyn Monroe», in: «Saturday Evening Post», 5. Mai 1956, S. 150. (Jahrelang

wurde laut Spoto fälschlicher-weise kolportiert, daß Marilyn eine Spitzengage von 1500 Dollar pro Woche erhalten habe. Tatsächlich war dies erst 1955 der Fall, als sie aus dem Vertrag bei der Fox ausstieg.)

106 Arthur Miller: «Zeitkurven», Frankfurt a. M. 1987, S. 404

107 Natasha Lytess in JWP I: S. 9

108 Sidney Skolsky: «Hollywood Is My Beat», in: «Hollywood Citizen-News», 2. Mai 1951

109 Spoto, S. 185

110 Michael Chekhov: «To the Actor: On the Technique of Acting», New York 1953, S. 6

111 Spoto, S. 192

112 Zit. nach Ella Smith: «Starring Miss Barbara Stanwyck», New York 1985, S. 233

113 «Motion Picture Herald» und «Daily Mirror» vom 13. August 1952

114 Howard Hawks zit. nach Pamela Prescott: «Carry Grant – His Movies and His Life», Washington 1987, S. 144

115 Vgl. Tom Stempel: «The Life and Times of Nunnally Johnson», San Diego 1980, S. 168–174

116 Marilyn Monroe in: MG VIII: 3,14

117 Joe DiMaggio zit. nach Maurice Zolotow: «Joe & Marilyn: The Ultimate L. A. Love Story», in: «Los Angeles Magazine», Februar 1979, S. 240

118 Spoto, S. 205

119 «Los Angeles Times» vom 14. April 1953

120 Joe Hyams zu Donald Spoto am 19. September 1991

121 Spoto, S. 210

122 Laut Spoto verbreitete sie auch die Geschichte von einer wahnsinnigen Nachbarin (oder der Großmutter, manchmal war es sogar die eigene Mutter), die das Mädchen als Baby zu ersticken versucht habe. Viele Biographen übernahmen die Äußerungen als Fakten. Am Ende ihrer erfundenen Berichte hatte Marilyn angeblich in vierzehn Pflegefamilien gelebt. (Vgl. Spoto, S. 212 f.)

123 Der Brief von Marilyns Mutter wurde aufbewahrt in IMP (Inez Melson Papers). 1991 erwarb Donald Spoto das Archiv.

124 Anmerkung von Marilyn zum obigen Brief (IMP)

125 Erskine Johnson: «Marilyn Monroe confesses mother alive, living here», in: «Los Angeles Daily News», 3. Mai 1952

126 Ebd.

127 Henry Hathaway zit. nach John Kobal: «People Will Talk», New York 1985, S. 615

128 Marilyn Monroe in: MG IV: 4,23

129 Jay Breen: «She just lets the conversation drift towards her», in: «Los Angeles Daily News», 9. September 1952

130 Earl Wilsons Kolumne in «Los Angeles Daily News», 27. August 1952

131 Vgl. auch Earl Wilson: «Show Business Laid Bare», New York 1974, S. 65, und den Bericht von Amy Greene bei Spoto, S. 222

132 Spoto, S. 225 ff. Slatzers Bericht hatte böse Folgen für spätere Chronisten. Vgl. S. 118 f.

133 Jane Russell: «My Paths and My Detours», New York 1985, S. 137

134 Ebd., S. 63

135 Marilyn Monroe zu Dick Williams, in: «Los Angeles Daily Mirror», 10. März 1953

136 «Billy, Please Dress Me Forever» in: «News of the World», 5. Mai 1991, S. 5

137 Ebd.

138 Aline Mosby: «‹They're Just Jealous of Miss Monroe›, says Betty Grable», in: «Los Angeles Daily News», 16. März 1953

139 Guus Luijters: «Marilyn Monroe In Her Own Words», London 1991, S. 57 f.

140 Vgl. Spoto, S. 256

141 Vgl. «Los Angeles Herald Examiner», 15. Januar 1954

142 Vgl. Maury Allen: «Where Have You Gone, Joe DiMaggio?», New York 1975, und Roger Kahn: «Joe & Marilyn: A Memory of Love», New York 1986

143 Sidney Skolsky, op. cit., S. 213

144 Ebd.

145 Vgl. Spoto, S. 262

146 Robert Cahn: «Marilyn Monroe Hide an New High», in: «Collier's», 9. September 1954, S. 99–101

147 Vgl. Spoto, S. 268: dort Genaueres zu Hal Schaefers Selbstmordversuch

148 Den vollständigen Dialog publizierte Winchell in seiner Kolumne kurz nach Marilyns Tod; vgl. «Los Angeles Herald Examiner», 8. August 1962

149 Billy Wilder am 19. November 1991 zu Spoto

150 Vgl. Graham McCann: «Marilyn Monroe», New Brunswick 1988, S. 46

151 Vgl. Natasha Lytess' Aussagen in Spoto, S. 266, die erzählt, daß Marilyn sie häufig morgens zwischen zwei und drei Uhr anrief, wenn Joe DiMaggio sie schlug

152 Joe DiMaggio in: «Los Angeles Herald Examiner», 6. Oktober 1954

153 Sidney Skolsky in: «Los Angeles Mirror», 6. Oktober 1954; vgl. auch «Beverly Hills Newslife», 7. Oktober 1954

154 Marilyn Monroe laut Spoto, S. 283

155 Marilyn Monroe in: MG III: 4

156 Joe DiMaggio in: «Newark Evening News», 18. Oktober 1954

157 Marilyn Monroe in: MG V: 3

158 Ella Fitzgerald, zit. nach Gloria Steinem: «Marilyn», New York 1986, S. 90 f.

159 «New York Times» und «New York Daily News», 8. Januar 1955

160 Amy Greene am 5. Mai 1992 zu Donald Spoto

161 Jay Kanter am 15. April 1992 zu Donald Spoto

162 Vgl. Spoto, S. 298

163 Elli Wallach in Joanne Kaufman: «Studio System», in: «Vanity Fair», Jg. 1955, Heft 11, November 1992, S. 238

164 Elia Kazan, : op. cit., S. 539

165 Susan Strasberg zu Donald Spoto am 2. Juni 1992

166 Marilyn Monroe in: MG III: 4

167 Marilyn Monroe in Marie Torre: «Marilyn Monroe», in: «New York Tribune TV und Radio Magazine», 14. – 20. August 1955, S. 6

168 Norman Rosten: «Marilyn: An Untold Story«, New York 1973, S. 104

169 Edward Wagenknecht: «Marilyn Monroe. A Composite View», Philadelphia 1969, S. 47

170 Spoto schreibt sogar von intimen Beziehungen parallel zur neuen Liebe mit Miller (Spoto, S. 310)

171 Eine Schlagzeile von 1956 nannte die Verbindung sogar «Egghead Weds Hourglass»; zit. in «Redbook Magazine», 8/1962

172 Marilyn Monroe, zit. von Amy Greene gegenüber Spoto am 15. April 1992

173 Vgl. Susan Strasberg, zit. nach Spoto, S. 317 f. und S. 322

174 Kim Stanley in John Kobal: «People Will Talk», New York 1985, S. 699

175 Marilyn Monroe in: «New York Journal American», 2. Juni 1955, S. 1

176 Susan Strasberg am 3. Juni 1992 zu Donald Spoto

177 Vgl. die Aufzeichnungen in MG III: 3,17 sowie ILS: vom 10. 3. 1955

(ILS = Unterlagen der MMP, vom Geschäftsführer Irving L. Stein angelegt, bei den Milton Greene Papers aufbewahrt)

178 S. 611. Zu den FBI-Dokumenten vgl. Spoto, S. 611

179 Zu dieser Zeit soll der Spitzensatz der Unternehmenssteuer bei 53 Prozent gelegen haben, während er beim persönlichen Einkommen sogar bei 88 Prozent lag

180 Walter Winchells Radiosendung vom 12. Februar 1956. Als FBI-Dokument No. 62–31615–966

181 Walter Winchells Radiosendung vom 10. Juni 1956. Als FBI-Dokument No. 62–31615–983

182 Vgl. Spoto, S. 334

183 Allan Snyder am 2. Mai 1992 zu Donald Spoto

184 Natasha Lytess in JWP/NL II, S. 25

185 Arthur Miller: op. cit., S. 499 f.

186 Ebd.

187 Ebd.

188 Marilyn Monroe zu Amy Greene und Rupert Allan, vgl. Spoto S. 352

189 Ob Marilyn zum jüdischen Glauben übertrat, ist umstritten.

190 Aktennotiz der MMP («Marilyn Monroe Production») vom 2. Juni 1956 (MG IV)

191 Vgl. Spoto, S. 358

192 Marilyn Monroe, zit. nach W. J. Weatherby: «Conversations with Marilyn», New York 1976, S. 84

193 Marilyn Monroe, zit. nach Bart Mills: «Marilyn on Location», London 1989, S. 108

194 Rupert Allan am 10. Juni 1992 zu Donald Spoto

195 Laut Amy Greene soll Marilyn Monroe ihr gesagt haben, daß Arthur Miller ihr den einzigen Menschen genommen habe, dem sie jemals vertraut habe, nämlich Milton Greene. Vgl. Spoto, S. 380

196 Ebd.

197 Norman Rosten: op. cit., S. 61

198 Billy Wilder in: Bart Mills, op. cit. S. 122

199 Leon Krohn in seinen Aufzeichnungen für Ted Landreths BBC-Dokumentation: «Say Goodbye to the President», 1984

200 Arthur Miller: «My Wife Marilyn», in: «Life», Jg. 45, H.25, 22. Dezember 1958, S. 146. Ein Zitat daraus ist auf S.144 des vorliegenden Buches abgedruckt

201 Marilyn Monroe in: Norman Rosten, op. cit., S. 79

202 Hervé Hamon und Patrick Rotman: «Yves Montand: Tu vois, je n'ai pas oublié», Paris 1990, S. 512. Vgl. auch Maurice Zolotow: «Marilyn Monroe», New York 1960, S. 347

203 Ralph Greenson: «Special Problems in Psychotherapy With the Rich and Famous», 18. August 1978; = Box 2, Akte 19 der Ralph Greenson Papers (RGP) an der University of Southern California, Los Angeles

204 Ebd.

205 Der Text der Eröffnungsszene des Films stammt aus dem Scheidungsprotokoll DiMaggio/Monroe

206 Vgl. Kap. 1, S. 20 zu Gable als Kindheitsidol

207 Arthur Miller: «Zeitkurven», op. cit., S. 489

208 Marilyn Monroe, zit. nach John Kobal: «Marilyn Monroe: A Life on Film», London 1974, S. 613

209 Spoto, S. 435

210 Ralph Greenson im Brief an Marianne Kris, 20. August 1962, in: RGP

211 Bekannt als die Payne Whitney Clinic

212 Marianne Kris sagte später zu Ralph Roberts: «Ich habe etwas Schreckliches getan. […] O Gott, es war nicht meine Absicht, aber ich habe es getan.» In: Susan

Strasberg, «Marilyn and Me», New York 1992, S. 228

213 Marilyn Monroe in: «Now That I Am 35», von Jonah Rudd, in: «The Daily Mail» (London), 5. Juni 1961

214 Siehe den Fotoband «Marilyn's Last Sitting» von Bert Stern, München 1982

215 Robert Litman zu Donald Spoto am 23. April 1992

216 Ralph Roberts zu Donald Spoto am 2. März 1992

217 Marilyn Monroe, zit. nach Eunice Murray: «Marilyn: The Last Months», New York 1975, S. 49

218 Vgl. die vier Treffen der beiden, die Donald Spoto in seiner Biographie auf S. 470 benennt

219 Ralph Roberts zu Donald Spoto am 2. März 1992

220 Vgl. dazu Spoto in einer Anmerkung (S. 475): «Sidney Skolsky und alle engen Freunde Peter Lawfords, einschließlich William Asher, Milton Ebbins und Joseph Naar, bestehen darauf, daß die Beziehung zwischen Marilyn Monroe und Robert Kennedy platonischer Art gewesen sein soll.» Skolsky hat ihre Auffassung zusammengefaßt: «Von Robert Kennedy hat sie nie gesprochen», in: Sidney Skolsky, op. cit., S. 234. Grundsätzliches zu Marilyns Verhältnis zu den Kennedy-Brüdern bei Spoto, S. 619

221 Vgl. Spoto, S. 491: laut Aussagen von Henry Weinstein, Allan Snyder, Marjorie Plecher und David Bretherton, Stabsmitgliedern des letzten Films

222 Spoto, S. 499. Vgl. Dr. Greenson in: Greenson Papers «Special Collections», Ordner 4, Box 2

223 Marilyn Monroe war gesondert schon vor Monaten ein drehfreier Tag für den 17. Mai zugesagt worden, weil sie zu diesem Termin ihre immer äußerst schmerzhafte Periode erwartete.

224 Zweideutigkeit von «The late M. M.»: Die verspätete oder die gealterte Marilyn Monroe

225 Henry Weinstein in Henry Shippers Dokumentarfilm «Marilyn: Something's Got to Give» (1990)

226 Zit. nach Eunice Murray: op. cit., S. 107

227 Spoto, S. 511

228 Brief von Ralph Greenson an Lucille Ostrow vom 22. Juni 1962, RGP

229 Michael Gurdin im Gespräch mit Donald Spoto am 21. September 1992

230 Zit. nach «Feldman-Memorandum»: «Marilyn Monroe Situation», 7. Juni 1962: Fox-Aufzeichnungen, die Spoto 1992 erhielt

231 Peter Levathes, zit. in: «Citizen News», 9. Juni 1962, S. 1–3

232 Dean Martin, vgl. in «Feldman Memorandum», 11. Juni 1962

233 Mittlerweile mit erhöhtem Streitwert von 750 000 Dollar in einer zweiten Klageschrift

234 Zit. nach Gerald Clarke: «Capote: A Biographie», New York 1988, S. 269

235 Marilyn Monroe, zit. nach: Graham McCann: «Marilyn Monroe», New Brunswick 1988, S. 173

236 Bert Stern am 10. Mai 1992 zu Donald Spoto

237 Marilyn Monroe, zit. nach «Photoplay», September 1962, S. 87

238 Ebd.

239 Laut Pat Newcomb (am 3. August 1992 zu Donald Spoto) und Richard Meryman (in «Life», op. cit., S. 33). Außerdem sagte Esther Maltz, Hyman Engelbergs erste Frau, gegenüber Spoto am 28. Juli 1992: «Dr. Greenson benutzte Hyman Engelberg, um Marilyn ruhigzustellen.»

240 Marilyn Monroe, zit. nach Pat

Newcomb im Gespräch mit Donald Spoto am 3. August 1992

241 Vgl. Spoto, S. 525 f. Seine Informationen basieren auf Guthman und Newcomb

242 Vgl. «Joe's Plan to Be Near Marilyn», in: «San Francisco Chronicle», 14. August 1962, und Spoto, S. 226 f.

243 Zu Joe DiMaggios Ausscheiden bei Monette siehe auch Maury Allen: «Where Have You Gone, Joe DiMaggio?», New York 1975, S. 197. Joe DiMaggio besuchte für diese Firma Rüstungsbasen auf der ganzen Welt, verdiente dabei 100 000 Dollar im Jahr. Außerdem stellte er sich für Wohltätigkeits-Turniere als Baseball-Spieler zur Verfügung. Im Winter trainierte er die New Yorker «Yankees», seine ehemalige Mannschaft.

244 Richard Meryman in: «Life», op. cit., S. 33

245 Marilyn Monroe, ebd. Das Interview mit Meryman beinhaltet sehr grundsätzliche Einstellungen der Monroe und Erkenntnisse, die sie aus ihren Erfahrungen gezogen hatte.

246 Peter Levathes zu Donald Spoto am 21. Februar 1992

247 Spoto weist die Gerüchte mit zwei Augenzeugenberichten zurück. Vgl. Spoto, S. 533

248 Valmor Monette, zit. nach Maury Allen, op. cit., S. 197

249 Monette, Rupert Allan und Bill Alexander wußten unter anderem davon. Vgl. Spoto, S. 622 und 533

250 Vgl. Aussagen gegenüber Donald Spoto von Ralph Roberts (am 2. März 1992), Pat Newcomb (am 3. August 1992), Rupert Allan (am 19. Juni 1992) und Allan Snyder (am 2. Mai 1992)

251 Ralph Greenson, zit. von Robert Litman im Gespräch mit Donald Spoto am 23. April 1992

252 Vgl. die Aussagen der Gerichtsmediziner John Miner, Thomas Noguchi, Dr. Milton Halpern und Dr. Leopold Breitenecker – alle zit. bei Spoto, S. 564

253 Frank A. Capell haßte den Kennedy-Clan und gab einen antikommunistischen Informationsdienst «The Herald of Free Enterprise» im Eigenverlag heraus.

254 Maurice Ries war Präsident der «Motion Pictures Alliance for the Preservation of American Ideals», eines Verbandes, der z. B. Drehbuchautoren denunzierte. Auch ihm waren die Kennedys zu liberal.

255 «Das war lange Zeit das einzige Indiz, das wir hatten», so Clemmons gegenüber der Gruppe «Marilyn Remembered» in Los Angeles am 22. März 1991.

256 Zarepath, N. J., 1964. Alle weiteren Buchtitel siehe Bibliographie, S. 149 f.

257 Vgl. «Los Angeles Times», 20. Juni 1965

258 Mailer gegenüber Mike Wallace in der CBS-Sendung «60 Minutes» vom 13. Juli 1973

259 Anthony Scaduto, Oktober 1975

260 Anthony Scaduto (unter dem Pseudonym Tony Sciacca: «Who Killed Marilyn?», New York 1976

261 Z. B. Milos Speriglio: «The Marilyn Conspiracy», New York 1986; Anthony Summers: «Marilyn Monroe. Die Wahrheit über ihr Leben und ihr Sterben», Düsseldorf 1992; Peter Brown und Patte Barham: «Marilyn, das Ende, wie es wirklich war», München 1992

262 James Haspiel: «Marilyn. The Ultimate Look at the Legend», New York 1991

263 Chuck Giancana: «Der Pate der Macht», Bergisch-Gladbach 1992

264 Vgl. Spoto, S. 538 f.

265 Ralph Greenson: in: «Spezielle Probleme der Psychotherapie rei-

cher und berühmter Menschen»,
op. cit.

266 Norman Rosten: vgl. Spoto, S. 547

267 William Asher am 25. September
1992 zu Donald Spoto

268 Ralph Greenson in einem Brief an
Marianne Kris vom 20. 8. 1962:
«Sie war wütend auf mich. Ich
sagte ihr, wir würden weiter dar-
über reden, und sie solle mich am
Sonntag morgen anrufen.» (RGP)

269 Vgl. Joe DiMaggio, jr. in: «Los
Angeles Times», 8. August 1962

270 Peter Lawford zum Los Angeles
Police Department, 16. Oktober
1975, vgl. Spoto, S. 624. Vgl. auch
Lawfords Äußerungen in Earl
Wilson: op. cit., S. 88. Zu Lawfords
Anruf vgl. Caroll Harrison: «Law-
ford Tells of Phoning Marilyn», in:
«Los Angeles Herald Examiner»,
6. August 1962

271 Marilyn Monroe, zit. nach Peter
Lawford zum L. A. Police Depart-
ment, 16. Oktober 1975, vgl. Spoto
S. 624

272 Eunice Murray: «Marilyn: The
Last Months», New York, 1975,
S. 132

273 Ralph Greenson, zit. nach Jack
Clemmons in »DA1982», Bericht
der Distriktsstaatsanwaltschaft von
L. A., 1982, der auch die vorange-
gangenen Berichte enthält. Vgl.
Spoto, S. 623

274 Ralph Greenson, zit. nach der
Akte der polizeilichen Verneh-
mung (62–509 463), 1962, vgl.
Spoto, S. 625

275 Vgl. Spoto, S. 549 f.

276 William Woodfield am 20. September 1991 zu Donald Spoto

277 Eunice Murray zu Roy Turner
(Archivar), laut einem mitge-
schnittenen Telefonat am 9. Februar 1987

278 Eunice Murray 1984 während der
Dreharbeiten zur BBC-Dokumentation: «Marilyn: Say Good-

bye to the President». Produzent
Ted Landreth überlieferte Donald
Spoto die Aussage. (s. S. 625)

279 Spoto, S. 563

280 Die Kommission sollte ein psy-
chologisches Profil der Verstorbe-
nen entwerfen und Möglichkeiten
des Selbstmordes beurteilen. Dr.
Litman war der Leiter. Vgl. seine
frühen Mutmaßungen eines un-
freiwilligen Selbstmordes in «Los
Angeles Times»: «Marilyn Monroe's Death Listed by Coroner as
Probably Suicide», 18. 8. 1962. Am
23. 4. 1992 gestand Litman Donald
Spoto: «Niemand kam wirklich je
voran in dieser Sache.» Litman
war ein Freund Dr. Greensons.

281 Vgl. «Coroner's Report», Akte
No. 81128, unterzeichnet von T.
Noguchi. Vgl. John Miner zu
Spoto am 23. April 1992

282 Robert Litman im Gespräch mit
Donald Spoto, 23. April 1992

283 John Miner am 11. Juni 1992 zu
Donald Spoto

284 Ebd.

285 Marilyn Monroe in «Life», 17. August 1962

286 Gloria Steinem: In: «Ms.», August
1972

287 Bert Stern: «Marilyn Monroe's
Last Sitting», op. cit., S. 70

288 Marilyn Monroe in: MG XII: 4,13

289 Marilyn Monroe, zit. nach Hell-
muth Karasek. In: «Die unsterb-
liche Tote», «Der Spiegel», 2. August 1982, S. 137

290 Marilyn Monroe in: W. J. Weatherby, op. cit. S. 125

291 Zum Beispiel mit Norman Mailers
Stück «Strawhead – A Memory
Play», aber auch trivialere.

292 Vgl. Kim Hendry: «The Making of
Monroe», in: «Guardian», 22. August 1989

293 Gloria Steinem: «Marilyn –
Norma Jeane», New York–London 1987

# Zeittafel

| | |
|---|---|
| 1926 | Am 1. Juni kommt Norma Jeane Baker (die spätere Marilyn Monroe) in Los Angeles zur Welt, als drittes Kind von Gladys Pearl Baker, geb. Monroe, einer geschiedenen Frau, die als Filmcutterin arbeitet. Norma Jeanes Vater ist unbekannt.<br>Norma Jeane wird zwölf Tage nach der Geburt zu den Pflegeeltern Bolender gegeben, ihre Mutter besucht sie dort ab und an. Bis zum siebten Lebensjahr bleibt sie bei den Bolenders. |
| 1933 | Mit sieben Jahren kommt sie kurz zur Mutter, ehe diese depressiv in ein Sanatorium eingeliefert wird. |
| 1934–42 | Odyssee von einer Pflegefamilie zur anderen, zwei Jahre davon im Waisenheim. Verschiedene Schulen in Los Angeles, ein Jahr in der Emerson Junior High School |
| 1942 | 19. Juni: Hochzeit mit James Dougherty |
| 1944 | Erster Job in der Rüstungsfirma Radioplane, dort Entdeckung als Fotomodell von David Conover |
| 1945 | Eintritt in die seriöse Blue Book Agency für Models. Erste Fotoreise mit dem Fotografen André de Dienes durch Kalifornien |
| 1946 | 13. September: Scheidung der Ehe Dougherty<br>23. Juli: Erster Vertrag mit einer Filmfirma, der Fox<br>September: Neuer Name «Marilyn Monroe» auf Vorschlag von Ben Lyon, einem Talentsucher der Fox |
| 1948 | Frühjahr: Erste unbedeutende Rolle in dem Film «Scudda Hoo! Scudda Hay!» Die Fox kündigt nach einem Jahr.<br>Frühjahr: regelmäßiges Gehalt von der Columbia; ab jetzt Schauspielunterricht bei Natasha Lytess. Erster Film bei der Columbia «Ladies of the Chorus». Ende September läuft der Vertrag mit der Columbia aus. |
| 1948–50 | Marilyn Monroe spielt kleine Rollen in unbedeutenden Filmen, doch ihre Ausstrahlung wird schon in kurzen Auftritten entdeckt. |
| 1950 | Durchbruch mit «Asphalt Jungle», Regie John Huston. In diesem Jahr dreht sie außerdem: «All About Eve», «The Fireball», «Love Happy», «Right Cross» und «A Ticket to Tomahawk». |
| 1950–55 | Innerhalb von fünf Jahren tritt Marilyn Monroe in fünfzehn Filmen auf, darunter: «Niagara», «How to Marry a Millionaire», «Gentlemen Prefer Blondes». Sie gelangt auf die Höhe ihres Ruhmes, wird aber festgelegt auf die Rolle der unfreiwillig komischen Blondine. Die Raffinesse ihres Spiels wird nur von den Kritikern, nicht |

aber den Produzenten honoriert. Sie ist immer noch völlig unter-
bezahlt.

| | |
|---|---|
| 1952 | Nachdruck eines Aktfotos von 1949, drohender Skandal für das Studio. Höhepunkt der McCarthy-Hysterie in den USA |
| 1954 | 14. Januar: Hochzeit mit dem ehemaligen Baseball-Star Joe DiMaggio, den sie schon zwei Jahre kennt. Furore machender Auftritt vor GIs in Korea. |

Bis Mai boykottiert Marilyn die Fox, weil sie im Film «Pink Tights» wegen ihrer trivialen Rolle nicht auftreten will.

1955     Scheidung von Joe DiMaggio.

Einjähriger Aufenthalt in New York. Ein Jahr Filmpause. Beginn ihrer Schauspielausbildung im Actor's Studio bei Lee Strasberg. Erste Psychoanalyse. Vertiefung ihrer Beziehung zum Dramatiker Arthur Miller, den sie schon seit 1951 kennt.

7. Januar: Offizielle Bekanntmachung der eigenen Filmfirma Marilyn Monroe Productions; Teilhaber: Milton Greene

1956     21. Juni: Erste Anhörung Millers vor dem Ausschuß für «Unamerikanische Umtriebe» in Washington

29. Juni: Standesamtliche Trauung Marilyns mit Arthur Miller, anschließend Hochzeit nach jüdischem Ritus

Juli: In London Drehbeginn für den ersten Film mit der eigenen Produktionsfirma, «The Sleeping Prince» mit Laurence Olivier

1956–60     Fünf Filme unter Beteiligung der eigenen Firma, mit stärkerem Einfluß auf das Drehbuch und deutlich verbesserten Gagen. Von den Filmen sind erfolgreich: «Bus Stop», «The Prince and the Showgirl» und «Some Like It Hot». Weniger erfolgreich: «Let's Make Love» und «The Misfits», Drehbuch beim letzteren: Arthur Miller. Zwei Fehlgeburten; die Einnahme von Schlaf- und Beruhigungsmitteln steigert sich.

1960     Affäre mit Yves Montand während der Dreharbeiten zu «Let's Make Love».

Frühjahr: Beginn der letzten Therapie bei Dr. Ralph Greenson

1961     20. Januar: Scheidung von Arthur Miller

Februar: Einweisung durch ihre Psychoanalytikerin in eine geschlossene psychiatrische Klinik in New York, aufgrund einer Depression; schwerer Schock

Befreiung aus der Klinik durch den angereisten Joe DiMaggio. Seitdem Wiederannäherung des ehemaligen Paares bis zu neuen Hochzeitsplänen Mitte 1962

1962     Höhepunkt einer kurzen Affäre mit John F. Kennedy

3. März: Verleihung des «Golden Globe» als «beliebteste internationale Schauspielerin»

23. April: Beginn der Dreharbeiten zum letzten Film «Something's Got to Give», den Marilyn Monroe nicht mehr beenden wird

17. Mai: Geburtstagsständchen «Happy-Birthday, Mr. President» für John F. Kennedy im Madison Square Garden

Juli: Letzte Foto-Session mit Bert Stern in Hollywood

5. August: Tod in Los Angeles unter bis heute umstrittenen Umständen, höchstwahrscheinlich infolge einer Medikamentenvergiftung

# Zeugnisse

*Billy Wilder*
Es vergeht keine Woche, in der ich nicht wünschte, daß sie noch lebte.

Roger G. Taylor: «Marilyn. Abbild eines Mythos», Zürich 1985

*Laurence Olivier*
Niemand hatte so einen Blick voll unbewußter Klugheit, und auf der Leinwand besaß sie eine starke Persönlichkeit.

«On Acting», New York 1986

*Arthur Miller*
Sie identifizierte sich mit dem Naiven, mit dem unverfälschten Zauber und der sexuellen Offenbarung.

«My Wife Marilyn», in: «Life», 22. Dezember 1958

*Philippe Halsman*
Marilyn war die phänomenalste Liebesgöttin der Geschichte. Warum? Für die meisten scheint der Grund klar, besonders in einem engen Abendkleid. Aber auch andere Mädchen haben Kurven, und paradoxerweise waren gerade Marilyns Schwächen ihre große Stärke: Ihr Minderwertigkeitsgefühl, ihr Pathos, ihr kindliches Schutzbedürfnis machten sie unwiderstehlich.

Roger G. Taylor: «Marilyn. Abbild eines Mythos», Zürich 1985

*Lee Strasberg*
Sie besaß eine Leuchtkraft aus Sehnsucht, Glanz, Verlangen, die sie so besonders machte und gleichzeitig den Wunsch in uns weckte, teilzuhaben an ihrer Unmittelbarkeit und Naivität.

Grabrede vom 9. August 1962

*Norman Mailer*
Also gedenken wir Marilyns, die jedermanns Liebschaft mit Amerika war, Marilyn Monroe, die blond war und schön und eine allerliebste Stimme besaß und die ganze Sauberkeit aller sauberen amerikanischen Vorgärten. Sie war unser Engel, der süße Engel des Sex, und der Schmelz des Sex ging von ihr aus gleich dem klaren Klang, der machtvoll verstärkt dem Resonanzboden einer edlen Geige entsteigt.

«Marilyn Monroe. Eine fiktive Biographie», München–Zürich 1973

*Gloria Steinem*
Marilyn blieb das Kind Norma Jeane, dessen Unverwundbarkeit der Schauspielerin ihre kindliche und daher besonders erotische Ausstrahlung gab. Marilyn konnte und durfte nicht erwachsen werden.
«Marylin», New York 1987

*George Cukor*
Eigentlich war sie gescheit. Einmal habe ich sie mit ihrer normalen, wenig anziehenden Stimme sprechen hören. Deshalb erfand sie ihre ansprechende Babystimme. Man sah sie sehr selten mit geschlossenem Mund, weil dann ihr Kinn sehr ausgeprägt war; sie hatte beinahe ein anderes Gesicht. Das Gesicht war gar nicht so hübsch, nur ihr Mienenspiel war wunderbar. Es war ein herrliches Flmgesicht.
Gavin Lambert: «On Cukor», New York 1972

*Glark Gable*
Marilyn ist extrem [...] Sie ist ausschließlich weiblich. Alles, was sie tut, ist anders, seltsam und anregend, von ihrer Sprache bis zu ihrem wunderbaren Torso. Sie macht einen Mann stolz darauf, ein Mann zu sein.
«Mosaic for Marilyn», in : «Coronet», Februar 1961

*Darryl F. Zanuck*
Ich habe Marilyn nicht entdeckt. Marilyn Monroe hat sich selbst durch die Augen ihres anbetenden Publikums entdeckt.
Roger G. Taylor: «Marilyn. Abbild eines Mythos», Zürich 1985

*Joshua Logan*
Es ist unsere Berufskrankheit, einer anziehenden Frau jedes Talent abzusprechen. Marilyn ist eine Künstlerin jenseits des Künstlertums. Sie ist die echteste Filmschauspielerin seit der Garbo. Sie hat das gleiche unergründlich Rätselhafte. Sie ist reines Kino.
«Movie Stars, Real People and Me», New York 1978

*Truman Capote*
Ich glaube, sie war keine Schauspielerin, jedenfalls nicht im herkömmlichen Sinn. Was sie war [...] gegenwärtig, glänzend, intelligent [...] konnte auf der Bühne nicht zum Zuge kommen. Dieses Fluidium war so fein, so zerbrechlich, daß es nur durch die Kamera eingefangen werden konnte.
«Marilyn Monroe – Photographien», München 1991

# Filmographie

Die bisher detailreichste und gründlichste Filmographie stammt von Mark Ricci und Michael Conway und ist erschienen unter dem Titel «Marilyn Monroe und ihre Filme», München 1980. Die folgenden Kurzangaben nennen zuerst den Originaltitel, in Klammern folgt, sofern vorhanden, der deutsche Kino- und/oder Fernsehtitel.

Abkürzung: R = Regie.
Die Daten entsprechen dem jeweiligen Uraufführungsjahr.

1947   **Dangerous Years.** R: Arthur Pierson, mit William Halop und Ann E Todd
1948   **Scudda Hoo! Scudda Hay!** R: F. Hugh Herbert, mit June Haver, Walter Brennan, Anne Revere, Natalie Wood
       **Ladies of the Chorus.** R: Phil Karlson, mit Adele Jergens, Rand Brooks und Nana Bryant
1950   **Love Happy** (Glücklich verliebt). R: David Miller, mit den Marx-Brothers, Ilona Massey, Eric Blore
       **A Ticket to Tomahawk.** R: Richard Sale, mit Dan Dailey, Anne Baxter, Roy Calhoun, Walter Brennan, Marion Marshall
       **The Asphalt Jungle.** (Asphalt-Dschungel/Raubmord) R: John Huston, mit Sterlin Hayden, Louis Calhern
       **All About Eve** (Alles über Eva). R: Joseph L. Mankiewicz, mit Bette Davis, Anne Baxter, George Sanders, Celeste Holm, Gary Merril, Hugh Marlowe
       **The Fireball.** R: Tay Garnett, mit Mickey Rooney, Pat O'Brian und Beverly Tyler
       **Right Cross.** R: John Sturges, mit Dick Powell und June Allyson
1951   **Hometown Story.** R: Arthur Pierson, mit Donald Crisp, Jeffrey Lynn
       **As Young as You Feel.** R: Harmon Jones, mit Monty Wooley, Jean Peters, Thelma Ritter, Constance Bennett
       **Love Nest.** R: Joseph Newman, mit June Haver, William Lundigan, Leatrice Joy
       **Let's Make It Legal.** R: Richard Sale mit Claudette Colbert, McDonald Carey, Robert Wagner
1952   **Clash by Night** (Vor dem neuen Tag) R: Fritz Lang, mit Barbara Stanwyck, Robert Ryan, Paul Douglas
       **We're Not Married** (Wir sind gar nicht verheiratet). R: Edmund Goulding,

mit David Wayne, Ginger Rogers, Fred Allen, Louis Calhern und Zsa Zsa Gabor

**Don't Bother to Knock** (Versuchung auf 809). R: Roy Baker, mit Richard Widmark und Anne Bancroft

**Monkey Business** (Liebling, ich werde jünger). R: Howard Hawks, mit Cary Grant und Ginger Rogers

**O. Henry's Full House** (Vier Perlen). R: Henry Koster, mit Charles Laughton und David Wayne

1953 **Niagara** (Niagara). R: Henry Hathaway, mit Joseph Cotton, Jean Peters, Casey Adams, Richard Allan

**Gentlemen Prefer Blondes** (Blondinen bevorzugt). R: Howard Hawks, mit Jane Russell, Tommy Noonan, Charles Coburn, Elliot Reid, George Winslow, Norma Varden

**How to Marry a Millionaire** (Wie angelt man sich einen Millionär?) R: Jean Negulesco, mit Betty Grable, Lauren Bacall, William Powell, David Wayne

1954 **River of No Return** (Fluß ohne Wiederkehr). R: Otto Preminger, mit Robert Mitchum und Tommy Rettig

**There's No Business Like Show Business** (Rhythmus im Blut). R: Walter Lang, mit Ethel Merman, Dan Dailey, Donald O'Connor

1955 **The Seven Year Itch** (Das verflixte siebte Jahr). R: Billy Wilder, mit Tom Ewell, Evelyn Keyes, Victor Moore

1956 **Bus Stop** (Bus Stop). R: Joshua Logan, mit Don Murray und Arthur O'Conell

1957 **The Prince and the Showgirl** (Der Prinz und die Tänzerin) R: Laurence Olivier, mit Laurence Olivier, Sibyl Thorndike, Jeremy Spenser

1959 **Some Like It Hot** (Manche mögen's heiß). R: Billy Wilder, mit Jack Lemmon, Tony Curtis, George Raft

1960 **Let's Make Love** (Machen wir's in Liebe). R: George Cukor, mit Yves Montand und Wilfrid Hyde White

1961 **The Misfits** (Nicht gesellschaftsfähig) R: John Huston, mit Clark Gable, Montgomery Clift, Eli Wallach

1962 **Something's Got to Give.** R: George Cukor, mit Dean Martin und Cyd Charisse. Dieser Film blieb unvollständig.

## Dokumentarfilme

1964 **The Legend of Marilyn Monroe.** R: David L. Wolpers, USA

1984 **Marilyn – Say Goodbye to the President.** R: Ted Landreth, BBC London, basierend auf den Thesen von Anthony Summers

1987 **Eve and Marilyn.** BBC London (Eve = Eve Arnold, Fotografin)

1987 **Marilyn: Beyond The Legend.** R: Gene Feldmann und Suzette Winters

1988 **Remembering Marilyn.** R: Andrew Solt, TV-Vestron Video

1990 **Marilyn. Something's Got to Give.** Die Dokumentation der letzten Filmarbeiten der Monroe, R: Henry Shipper, Fox, USA

1991 **Marilyn and Me.** Auf der Geschichte von Robert Slatzer basierend. ABC, USA

# Diskographie

**The Story of Marilyn Monroe,** Oxfort OX/3039. Enthält drei Songs aus «River of No Return», zwei Songs aus «Gentlemen Prefer Blondes», zwei Songs aus «There's No Business Like Show Business» und zwei Songs aus «Let's Make Love».

**The Voice, Songs and Films of Marilyn Monroe,** RCA PJL 1–8076.
Enhält vier Lieder aus «There's No Business Like Show Business», zwei Songs aus «River of No Return» und Alfred Newmans «Street Scene» aus «How to Marry a Millionaire».

**Marilyn Monroe,** Sandy Hook S. H. 2013. Enthält seltene Aufnahmen aus den Jahren 1948 bis 1962 mit Filmsoundtracks, Fernsehauftritten, Pressekonferenz, Schallplattenaufnahme-Sessions und einem TV-Werbespot mit Marilyn Monroe.

**The Edgar Bergen Show with Charlie McCarty,** Radiola MR-1034. Die A-Seite präsentiert eine komplette Halbstundenfolge der populären CBS-Rundfunk-Unterhaltungssendung aus dem Jahr 1952 mit Gaststar Marilyn Monroe (1978).

**Marilyn Monroe. Some Like It Hot.** Zwei Audio-Cassetten mit allen Marilyn-Songs. Edel Company, Hamburg 1992

# Bibliographie

Hier werden nur die seriösen sowie die umstrittenen, aber in der Monographie behandelten Bücher über Marilyn Monroe aufgeführt. Wer weitere Bücher zum Thema sucht, wird in der Bibliographie von Anthony Summers' Buch «Marilyn Monroe. Die Wahrheit über ihr Leben und Sterben» ausführlich informiert. Zeitschriftenartikel sind im Werk von Joan Mellen «Marilyn Monroe. Ihre Filme – ihr Leben» im Anhang aufgelistet.

Anderson, Janice: Marilyn Monroe. London 1983
Arnold, Eve: Marilyn Monroe. Herford 1988
Baker, Roger: Marilyn Monroe: Photographs from UPI/Bettmann. New York 1990, deutsch 1991
Belmont, George (Interviews): Marilyn Monroe und die Kamera. München 1989
Brown, Peter Harry, und Patte Barham: Marilyn. Das Ende, wie es wirklich war. München 1992
Capote, Truman: Marilyn Monroe – Photographien, 1954-1962. München 1991
Conover, David: Finding Marilyn. New York 1981
Conway, Michael, und Mark Ricci: Marilyn Monroe und ihre Filme. München 1980
Crivello, Kirk: Fallen Angels. New Jersey 1988
Crown, Lawrence: Marilyn at Twentieth Century Fox. London 1987
Dienes, André de: Marilyn Mon Amour. Photographien 1945-1953. München 1986
Doll, Susan: Marilyn. Leben und Legende. Erlangen 1991
Dougherty, James E. : The Secret Happiness of Marilyn Monroe. Chicago 1976
Feingersh, Ed: Marilyn in New York. Photographien. München 1991
Finler, Joel W. : The Hollywood Story. London – New York 1988
Guiles, Fred Lawrence: Legend: The Life and Death of Marilyn Monroe. New York 1984
Haspiel, James: Marilyn: The Ultimate Look at the Legend. New York 1991
Hutchison, Tom: Marilyn Monroe. New York 1982
Kahn, Roger: Joe and Marilyn: A Memory of Love. New York 1986
Kazan, Elia: A Life. New York 1988
Luitjers, Guus: Marilyn Monroe in Her Own Words. London 1991
Mailer, Norman: Marilyn Monroe. Eine fiktive Biographie. München–Zürich 1973
–: Ich, Marilyn Monroe. Meine Autobiographie. München 1984
McCann, Graham: Marilyn Monroe. New Brunswick 1988

Mellen, Joan: Marilyn Monroe. Ihre Filme – ihr Leben. München 1992
Miller, Arthur: The Misfits. New York 1961
–: After The Fall: A Play in Two Acts. New York 1964
–: Zeitkurven. Frankfurt a. M. 1987
Monroe, Marilyn: Meine Story. Frankfurt a. M. 1980
Murray, Eunice: Marilyn. The Last Months. New York 1975
Olivier, Laurence: Confessions of an Actor. New York 1982
–: On Acting. New York 1986
Pepitone, Lena, und William Stadiem: Marilyn Monroe intim. München 1979
Rollyson, Carl E., Jr.: Marilyn Monroe: A Life of the Actress. Ann Arbor 1986
Rosten, Norman: Marilyn: An Untold Story. New York 1973
Schlesinger, Arthur M., Jr.: Robert Kennedy and his Times. Boston 1978
Shaw, Sam, und Norman Rosten: Marilyn ganz privat. München 1987
Shevey, Sandra: The Marilyn Scandal. New York 1988
Skolsky, Sidney: Marilyn. New York 1954
Slatzer, Robert: The Life and Curious Death of Marilyn Monroe. New York 1974
Spada, James, und George Zeno: Marilyn Monroe. Ihr Leben in Bildern. Herford 1983
Speriglio, Milo: The Marilyn Conspiracy. New York 1986
Spoto, Donald: Marilyn Monroe. Die Biographie. München 1993
Steinem, Gloria (mit Fotografien von George Barris): Marilyn. New York 1986
Stern, Bert (Text in Zusammenarbeit mit Annie Gottlieb): Marilyn's Last Sitting. München 1982
Strasberg, Susan: Marilyn and Me: Sisters, Rivals, Friends. New York 1992
Summers, Anthony: Marilyn Monroe. Die Wahrheit über ihr Leben und Sterben. Düsseldorf 1992
Taylor, Roger G.: Marilyn, Abbild eines Mythos. Zürich 1985
Wagenknecht, Edward: Marilyn Monroe. A Composite View. Philadelphia 1969
Weatherby, W. J.: Conversations with Marilyn. New York 1976
Wilson, Earl: Show Business Laid Bare. New York 1974
Zolotow, Maurice: Marilyn Monroe. Eine Biographie. Stuttgart 1962

# Namenregister

*Die kursiv gesetzten Zahlen bezeichnen die Abbildungen.*

# Über die Autorin

Ruth-Esther Geiger, geboren 1950, promovierte 1978 in Literaturwissenschaft. Seitdem arbeitet sie als Journalistin und Autorin in Hamburg. Sie dreht unter anderem justizkritische Filme (zum Beispiel «Der Fall Monika Weimar», «Väter unter Verdacht») und Fernseh-Porträts. Sie schrieb Radioessays und -features, mehrere Sachbücher und gab Anthologien heraus.

# Quellennachweis der Abbildungen

**rowohlts monographien**
Begründet von Kurt Kusen-
berg, herausgegeben
vonWolfgang Müller.

**Ingmar Bergman**
dargestellt von Eckhard Weise
(366)

**Humphrey Bogart**
dargestellt von Peter Körte
(486)

**Luis Buñuel**
dargestellt von
Michael Schwarze
(292)

**Charlie Chaplin**
dargestellt von Wolfram
Tichy
(219)

**Walt Disney**
dargestellt von
Reinhold Reitberger
(226)

**Eleonora Duse**
dargestellt von Doris Maurer
(388)

**Federico Fellini**
dargestellt von Michael
Töteberg
(455)

**Gustaf Gründgens**
dargestellt von
Heinrich Goertz
(315)

**Alfred Hitchcock**
dargestellt vonBernhard
Jendricke
(420)

**Buster Keaton**
 dargestellt von Wolfram
Tichy
(318)

**Fritz Lang**
dargestellt von Michael
Töteberg
(339)

**Pier Paolo Pasolini**
dargestellt von Otto
Schweitzer
(354)

**Erwin Piscator**
dargestellt von Heinrich
Goertz
(221)

**Max Reinhardt**
dargestellt von
Leonhard M. Fiedler
(228)

**Karl Valentin**
dargestellt von
Michael Schulte
(144)

Ein Gesamtverzeichnis der
Reihe *rowohlts mono-
graphien* finden Sie in der
*Rowohlt Revue*. Jedes Viertel-
jahr neu. Kostenlos in Ihrer
Buchhandlung.

*rowohlts monographien*

Ein Gesamtverzeichnis der Reihe *rowohlts monographien* finden Sie in der *Rowohlt Revue*. Jedes Vierteljahr neu. Kostenlos. In Ihrer Buchhandlung.

*Geschichte / Politik*

*rowohlts monographien*